2

the lady LIFE in my

Poetry by pit

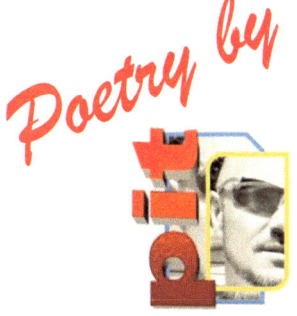

Design, Layout, Fotos: Pit Vogt

Für den Inhalt des Buches
zeichnet der Autor verantwortlich.

<u>Impressum</u>

Herstellung und Verlag:
BoD - Books on Demand, Norderstedt
ISBN 978-3-7431-0936-0

© 2017

Inhalt

7	The Lady
9	Der Autist
12	Fragen
13	Die Bank
14	Berührung
15	Übers Feld
16	Aufstehen
17	Todesnachricht
19	Ein Schicksal
21	Auf dem Schnee
22	Tief im Wald
23	Oft
24	Halb
26	Neumond
28	Sonnenwende
29	Feststellung
31	Nachdenken
33	New York
34	Clown
36	Sehnsucht
37	Aufbruch
38	*Eine Liebe*
45	*Stärke*
55	*Engel der Träume*
61	*Courage*
69	*Ellis Erinnerungen*
75	*Der Weihnachtsengel*
82	*Nur ein bisschen Lachen*
89	*Die Petroleumlampe*
97	*Die alte Bar*
102	Geister
103	Erkenntnis

Inhalt

105 Das Leben
107 Leuchtturm
109 An den Mond
111 Irrfahrt
113 Auf der Treppe
115 Septemberhymne
116 Kinder des Krieges
118 Alte Frau
119 Die Tänzerin
122 Alter Mann
123 Mutters Licht

The Lady

Was für ein Traum um Mitternacht
So lange hast du nachgedacht
Dies wunderschöne Mädchen, ach
Es küsste dich so oft schon wach
Und Nebel wabert *dicht und sacht*

Ist sie noch da
Ist sie es nicht
Verklärt dein Traum
Verklärt das Licht
Sie tanzt mit dir und lächelt leis
Die Nacht scheint schwarz
Scheint doch so weiß
Was für ein Zauber, *dies Gesicht*

Die Jugend zieht an dir vorbei
Erlebnisse des nachts um 3
Was hat das Schicksal dir gebracht
Du hast geweint
Du hast gelacht
Manchmal so vieles *einerlei*

Die Zeit nahm alles mit sich fort
Dir blieb nichts übrig – nicht ein Wort
Nur die Gedanken in dir drin
Und diese Frau
Dein wacher Sinn
Und jener märchenhafte Ort

Dein Traum verklingt wie einst dein Lied
Du singst es noch
Weils dir noch blieb
Noch einmal winkt das Mädchen dir
Entschwindet in der Tränentür
Im Nebelschleier
Der verfliegt

Der Autist

Er war noch jung, ein Junge noch
Und doch so fremd von dieser Welt
Er schien recht glücklich – *immer noch*
Er lebte nicht im dunklen Loch
Er war so sanft, verstand, was zählt

Oft sagte man: *„Der ist verrückt!*
Der tickt nicht richtig irgendwo!"
Manchmal schien er der Welt entrückt
Man sagte: *„Ach, der ist verrückt!*
Der merkt doch nichts, wird niemals froh!"

Doch seine Mutter liebte ihn
Auch, wenn er anders war und schwieg
Für sie war er der Lebenssinn!
Vielleicht sogar der Hauptgewinn?
Er hatte alle Menschen lieb

Denn wenn er lachte, fröhlich war,
dann schien die Welt, das Glück perfekt
Dann schien fast alles sonnenklar
Und nichts blieb mehr so wie's sonst war!
Er war doch klug und aufgeweckt!

Jedoch verging die Zeit, die Zeit
Er hat gespürt, man wollt ihn nicht
Er wusste um der Mutter Leid
Da lief er fort, so weit, so weit
Ein sanftes Lächeln im Gesicht

Der Mutter hat er nichts gesagt
Er lief und lief bis an das Meer
Nie hatte er geflucht, geklagt
Und auch der Mutter nichts gesagt
Das Meeresrauschen wog so schwer

Noch einmal schaute er sich um
Da war niemand am kahlen Strand
Er war ein Junge noch, so jung
Vielleicht verrückt, doch niemals dumm,
als er vor Gott so einsam stand

Ganz plötzlich rief jemand nach ihm –
dort draußen auf dem weiten Meer
Wer war das nur? Wo lag der Sinn?
Er lief ins Wasser einfach hin
Man sah ihn später nimmermehr

„Komm heim, komm heim, du liebes Kind
Bei mir hier bist Du nie allein
Dort, wo die Kinder Engel sind,
wach ich bei Dir, mein liebes Kind
Komm lass und jetzt zusammen sein"

Die Welt dort draußen war zu kalt!
Er wollte nicht mehr draußen sein!
Die Tür, die offen einen Spalt,
war plötzlich einfach zugeknallt!
In seiner Welt blieb er allein!

Er war so jung
Ein Junge noch
Nur seine Spur blieb da im Sand
Und leise summt am Strand der Wind
Die Mutter weinte um ihr Kind
Ja, es ergriff wohl *Gottes Hand*

Fragen

Was fängt man an allein
Allein
Wenn keiner da ist, den man liebt
Lässt man den Tag, das Leben sein
Was wird nur, wenn man ganz allein
Wenn man den Horizont nicht sieht

Die Menschen kommen
Gehen fort
Ja, man gewöhnt an sie sich schnell
Sie spenden Trost und manch ein Wort
Sie sind lang da
Sie gehen fort
Ein Spatz im Baum singt froh und hell

So vieles geht mir durch den Sinn
Wo werd´ ich sein
Wenn ich allein
Was, wenn ich ewig traurig bin
Wenn tränenschwer ertrinkt mein Sinn
Kann dann mein Herz noch fröhlich sein

Was fang ich an – allein
Allein
Am Grabstein knie ich bis zur Nacht
Lass ich den Tag, mein Leben sein
Wie geht es weiter so allein
Nur dieser Spatz im Baume wacht

Die Bank

Recht einsam steht die Bank am Wald
Sie ist verwittert und schon alt
Manch Brett brach durch
Man strich sie an
Ich sitz hier gern, auf ihr, sodann

Von hier aus schau ich auf die Stadt
Die unten liegt und Leben hat
Doch auch zum Himmel ist's nicht fern
Von hier aus seh ich gut die Stern'

Die Bank kennt auch mein *Auf und Ab*
Sie kennt mich, wenn ich stark und schlapp
Sie kennt auch meine Tränen gut
Sie gibt mir Kraft
Sie gibt mir Mut

Und wenn ich wieder gehen will
Dann lächelt sie so lieb und still
Dann sag ich leis:
„*Mach's gut, bis bald*"
Da ist's egal, ob warm, ob kalt

So einsam steht die Bank am Wald
Verwittert ist sie und schon alt
Ich bin hier gern
Ich bin hier froh
Auf meiner Bank, im *Irgendwo*

Berührung

Ein Mädchen an der breiten lauten Straße
Irgendwo in dieser viel zu großen Stadt
Sie stand nur da, putzte sich die hübsche Nase
Irgendwo an dieser endlos langen Straße
Wo San Francisco keinen Namen hat

Ich fuhr vorbei und winkte kurz
Sie sah zu mir und winkte leis zurück
Sie stand nur da
unter diesem schmalen Fenstersturz
Und lächelte verwegen, und winkte mir nur kurz
Und war vorbei – sehr schnell – ein ganzes Stück

Wer sie nur war? Ich werd es nie erfahren!
Sie schien mir wie ein Traum,
so nah und doch so fremd
Und war doch noch so ungeheuer jung an Jahren
Und blieb zurück
Ich werde wohl nie mehr von ihr erfahren
Ich stöhnte leis und zog am Kragen
von meinem ziemlich weißen Hemd

Ein Mädchen an der lauten breiten Straße
Irgendwo in dieser viel zu fremden Stadt
Ja, sie hatte wirklich eine süße, kleine Nase
Dies hübsche Mädchen
an der langen kühlen Straße
Dort, wo San Francisco keinen Namen hat

Übers Feld

Übers Feld streicht sacht der Wind
Unterm Hochsitz bleib ich stehn
Fühle froh mich wie ein Kind
Will die Sonn, den Himmel sehn

Weiter führt mein Weg zum Wald
Dunkel liegt er dort vor mir
Wandern will hier Jung und Alt
Zwischen manchem Waldes-Tier

Irgendwo dann eine Rast
Lausche jener Stille, ach
Heut in der Natur zu Gast
Unterm dichten Blätterdach

Aufstehen

Deine Träume: *längst zerrissen*
Weißt nicht mehr, wies weitergeht
Alle Hoffnung scheint zerschlissen
Vieles willst du nicht mehr wissen
Alles Glück vom Wind verweht?

Wie nur konnt es so weit kommen?
Nebel wabert durch dein Hirn!
Wolltest dich doch niemals schonen
Aller Aufwand sollt sich lohnen
Schon vergilbt der teure Zwirn?

Deine Panik macht dich mürbe
Atemnot schwächst deinen Leib
Willst, dass es mal besser würde
Doch du scheiterst vor manch Hürde
Viel zu schnell vergeht die Zeit

Doch du bleibst nicht lang so liegen
Du willst weiter, suchst nach Kraft
Jagst sie fort, die Angst, die Lügen
Du willst endlich wieder siegen
Lebst den Traum
Und hast´s geschafft

Todesnachricht

Still steht die Zeit
Die Zeit steht still
Bei dem, was man nicht hören will
Die Sonne scheint und scheint doch nicht
Ein Blitz zuckt scharf in das Gesicht

Die Todesnachricht trifft so schwer
Wo kommt nur all die Trauer her
Warum geht's plötzlich her und hin
Wo ist die Hoffnung?
Wo der Sinn?

Dann sitzt man da, und weint noch nicht
Man starrt ins dunkle Deckenlicht
Kein Wort fällt mehr
Es knackt nur leis
Man weiß nicht mehr, was man doch weiß

Die Lähmung löst sich nimmermehr
Die Zimmer sind so leer, so leer
Man sucht nach irgendwas im Raum
Man weiß nichts mehr
Man glaubt es kaum

Soll man sich jetzt erinnern, ja?
Soll man dran denken, was geschah?
Wo ist's passiert? Warum so schnell?
Im Kopf ist's dunkel, nicht mehr hell

Nein, eine Antwort gibt es nicht
Man starrt ins dunkle Deckenlicht
Es rinnen Tränen irgendwann
Man schaut im Spiegel sich lang an

Verdammt, das geht nicht wieder weg
Bleibt ganz tief drin – ein schwarzer Fleck
Das Leben geht nun andersrum
Es fragte nicht – bleibt hart und stumm

Da hat man so viel schon geplant
Hat viel gekämpft – hat abgesahnt
So sollt es immer weiter gehn
Jedoch ganz plötzlich blieb es stehn

Still steht die Zeit
Die Zeit steht still
Still steht das Herz
Und das Gefühl
Wird es wohl weitergehen mal?
Man weiß es nicht
Man spürt nur Qual

Ein Schicksal

Er hatte einen Baum gefunden
Auf einer Lichtung stand er da
Nach all den Jahren, Tagen, Stunden
Hat er wohl keinen Sinn gefunden
Und keiner ahnte die Gefahr

Sein Leben:
Einst ein großer Flitter
Ein Glanz, der alles überstrahlt´
Doch unter all dem bunten Glitter
Erkannte man nicht all die Gitter
Die von manch Lächeln übermalt

Er hatte Kinder, schien zufrieden
Er hatte eine hübsche Frau
Doch ward ihm wohl kein Glück beschieden
Denn tief in ihm war´s schwarz geblieben
All seine Hoffnung blieb so grau

Reich war er nicht, doch auch nicht ärmlich
Den Job erledigte er gern
Nur selten ging es ihm erbärmlich
Er war kaum krank
Nie ging´s beschwerlich
So manche Sorge schien ihm fern

Doch griff er oft zur Wodka-Flasche
Der Alkohol regierte ihn
Von seinen Wünschen blieb nur Asche
Er sagte nichts
Wohl seine Masche
Der Alkohol raffte ihn hin

An einem dunklen Regentage
Hat er sich von der Frau getrennt
Er fand sein Leben viel zu vage
Tief in ihm blieb die bange Frage:
Wo liegt des Lebens wahrer Sinn?

Nun hatte er, was er stets wollte:
Alleinsein, Suff – er war so frei
Doch nachts, wenn manch ein Alb laut grollte
Schien ihm, dass ihn der Teufel holte
Und jeder Traum ward längst wie Blei

Die Ängste trübten seine Seele
Er traute sich kaum noch hinaus
Der Schnaps rann ihm durch Mark und Kehle
Er hörte Stimmen und Befehle
Und hielt sein Leben nicht mehr aus

An jenem Tag, als Hagel knallte
Lief er davon – ihn hielt nichts mehr
Ein Sturm ihm in die Augen prallte
Und Donner durch die Straßen hallte
Er fühlte nichts – und nichts war schwer

Wohl hat er einen Baum gefunden
Auf jener Lichtung, dort, im Wald
Vorbei ein Leben, das zerschunden
Nie heilten ab die tiefen Wunden
Er war noch jung
Und doch schon alt

Auf dem Schnee

Sonnenblumen auf dem Schnee
Wintersturm verweht sie nicht
Tut die Kälte auch sehr weh
Sind doch Blumen auf dem Schnee
Wärme zieht in dein Gesicht

Irgendwann wird Sommer sein
Schnee und Eis sind dann getaut
Und beim *Sommer-Sonnen-Wein*
Werden Sonnenblumen sein
Wie die Heimat
So vertraut

Tief im Wald

Tief im Wald ein kleines Häuschen
Ach, du sehnst dich so danach
Ein Spaziergang
Und ein Päuschen
Dort im Wald, in jenem Häuschen
Unterm grünen Blätterdach

Nachts wird's dort noch richtig dunkel
Träumen wirst du wunderbar
Manchmal leises *Wind-Gemunkel*
Und am Himmel: *Sternenfunkel*
Wie es in der Stadt nie war

Diese Einsamkeit birgt Ruhe
Bringt Erholung, neue Kraft
Zieh dir an die Wanderschuhe
Dort im Wald wartet die Ruhe
Gibt ganz neuen Lebenssaft

Oft

Oft sehnt' ich mich nach dem, was bleibt
Dem kleinen Stück Geborgenheit
Das ich mal find ein kleines Stück
Vom viel zu weit entfernten Glück

Oft sehnt' ich mich nach etwas Zeit
Dem Stück Provinz, der Spießigkeit
Dem Wandern durch manch dichten Wald
Der Ruhe, wenn ich einmal alt

Oft sehnt' ich mich nach einem Traum
Sehnt' mich nach Leben und nach Raum
Da wollt' ich ziehen durch die Welt
Um das zu spüren, was noch zählt

Doch bleibt von meiner Seligkeit
Manchmal nur noch die Schüchternheit
Dann treibt mich nur die Hoffnung an
Dass ich es doch mal schaffen kann

Halb

Oft sind´s nur die halben Tage
Oder nur die halbe Frage
Manchmal ist ´ne halbe Sache
Oder auch das halbe Dache

Sind´s vielleicht die halben Flaschen
Oder nur die halben Taschen
Sind es vielleicht halbe Verse
Oder eine Halb-*Traverse*

Ist´s vielleicht der Mond, der halbe
Oder eine halbe Falte
Ist manch Ärger halb so übel
Reicht beim Bau ein halber Ziegel

Reicht vielleicht ein halber Mantel
Schmeckt schon eine halbe Mandel
Kann mit halbem Schuh man laufen
Kann mit halbem Geld man kaufen

Hat jemand ´ne halbe Katze
Reicht dem Hund ´ne halbe Tatze
Reicht ein halber Flugzeugflügel
Oder schon ein halber Tiegel

Reichen halbe Urlaubstage
Oder halbe Ozeane
Kann ein halber Mensch auch leben
Kann ein Kreisel halb sich drehen

Manchmal reicht der halbe Himmel
Niemals nur der halbe Schimmel
Denn was *halb* ist, ist nie richtig
Ganze Dinge nur sind wichtig

Neumond

Du stehst vorm Spiegel um halb Zwölf
Wirr schreist du rum:
Komm Gott und hilf
Dein ganzes Leben
Eine Qual
Und es ist Neumond
Wiedermal

Da drin in deinem Kopf, ganz tief
Da sitzt etwas so krumm und schief
Es macht dir Angst, es bringt sich um
Und plötzlich bist du wieder stumm

Dann sinkst du auf den Wannenrand
Dein Hirn, dein Leib
Ein einzig´ Brand
Vielleicht drei Jahre noch, ein Tag
Vielleicht noch eine letzte Klag

Der Schwindel macht benommen dich
In Seel und Herz ein letzter Stich
Du krümmst vor Schmerzen dich und weinst
Und weißt, dass du so viel versäumst

Noch einmal wild im Tanz sich drehn
Das wünschst du dich, doch du bleibst stehn
In deinem Kopf das Unheil droht
Und nichts kommt mehr vom lieben Gott

Vielleicht ist's schon der letzte Tag?
Vielleicht ist's längst die letzte Frag?
Bist du zum Leben doch zu dumm?
Warum dies Leid, warum, warum?

Schon stockt der Atem in der Brust
Zum Sterben hast du keine Lust
Sieht so die letzte Hoffnung aus?
Bleibt da am End nur Angst und Graus?

Dein Traum verglüht im Glockenschlag
S' ist Mitternacht in Land und Stadt
Zu Ende scheint dein freier Fall
Und es ist Neumond
Wiedermal

Sonnenwende

Brach liegt längst die ganze Gegend
Brach die Hoffnung
Brach der Blick
Fort sind alle
Sogar lebend
Tot die Hoffnung, tot die Gegend
Rattenseuche Stück um Stück

Sollte da noch etwas leben?
Wo sind all die Leute, wo?
Keiner ist mehr da zum Reden!
Doch wir wollen noch mal leben!
Nicht verbrennen letztes Stroh!

Bald schon werden Menschen kommen
Neues Blut die Gegend tränkt
Aller Aufwand kann sich lohnen
Keiner wird sich da mehr schonen
Jener Tag
Die Sonnenwend´

Feststellung

Und sie *kritzeln* immer weiter
Immerzu nur Schund und Dreck
Nein, sie werden nicht gescheiter
Diese Affen, diese Leiber
Und sie werfen Wahrheit weg

Und sie fühlen sich so sicher
Denn man stopft sie voll mit Geld
Nichts kommt mehr in trockne Tücher
Und man leugnet alle Bücher
Und man leugnet diese Welt

Dummheit zieht durch alle Straßen
Hass und Missgunst überall
Wenn der Pöbel schreit durch Gassen
Schweigt man still
Man will es lassen
Wann kommt wohl der große Knall?

Untern Teppich kehrt man alles
Weg ist weg
So sieht man´s nicht
Und im Fall des schlimmsten Falles
Leugnet man ganz schnell mal alles
Knipst man ganz schnell aus das Licht

Zu viel Dreck bringt doch nur Schaden
Darum schönt man alles *„schön"*
All die Ketzer soll man jagen
Wie so manchen Satansbraten
Denn man will sie nicht verstehn

Hinter mancher Tüllgardine
Schimpft man heftig
Hat man Wut
Doch man scheut dort jede Bühne
Hetzt behänd ins Blaue, Grüne
Bis es schäumt, manch Drogenblut

Doch das Volk geht auf die Straße
Überall, weil´s Frieden will
Fort mit allem blinden Hasse
Diesem falschen, dummen Spaße
Denn *nur* Wahrheit ist das Ziel

Nachdenken

Der Wind pfeift über Baum und Strande
Die Gräser wiegen her und hin
So einsam ist's hier auf dem Lande
Auf Usedom
Am Ufersande
Und Schnee treibt übers Meer dahin

Da sind so viele *Traurigkeiten*
So manche Träne rinnt dahin
Ich wollte fliehen in die *Weiten*
Auf Usedom lass ich mich treiben
Ach, irgendwie zerschellt mein Sinn

Such nach der Heimat, die mir fehlte
Da war so vieles schlimm und fremd
Und als ich mich tagtäglich quälte
Hab´ ich vergessen, was noch zählte
Hab´ ich gekämpft ums letzte Hemd

Doch fehlte mirs an Luft und Liebe
So ging ich fort
Kam bald hierher
Wohin es geht
Wohin ich ziehe
Ist noch nicht klar
Jetzt in der Frühe
Ganz tief im Herzen ward es leer

Noch immer friert der Wind den Morgen
Noch immer schau ich übers Meer
Noch immer sind in mir die Sorgen
Schnee fällt auf Usedom
Im Norden
Und Wolken hängen tief
Und schwer

New York

Häuserwände, Menschenmassen
In New York scheint alles groß
Sorgen, Nöte
Kaum zu fassen
Auf den Straßen, in den Gassen
Diese Stadt lässt dich nicht los

Jetzt noch irgendwo geblieben
Bist du längst schon wieder fort
Hast dich dieser Stadt verschrieben
Musst sie hassen, willst sie lieben
Diese Stadt: ein wilder Ort

Hier ist Atem, hier lebt Leben
Oben
Unten
Ewiglich
Ja, New York kann dir was geben
Diese Stadt ist da für jeden
Eine Zukunft sicherlich

Doch du musst dich auch entscheiden
Diese Stadt lässt dir kaum Zeit
Willst du dich New York verschreiben
Warte nicht mit deinem Bleiben
Denn New York ist nah
Ist weit

Clown

Lang sieht er sich im Spiegel an
Sein Clownsgesicht
Es lacht sogar
Was für ein lustig froher Mann
So sieht er sich im Spiegel an
Ein Clown, der immer lachen kann
Ein wirklich echter großer Star

Doch wenn die Lichter längst schon aus
Wenn er allein und einsam ist
Geht traurig er den Weg nach Haus
Dann sieht er nicht mehr lustig aus
Dann spricht er nur mit einer Maus
Weil die ihn wirklich nie vergisst

Er ist ein Clown, den gern man sieht
Er ist so bunt, das liebt man sehr
Doch keiner weiß, was sonst geschieht
Wenn man ihn einmal nicht mehr sieht
Wenn nachts er durch die Straßen zieht
Wenn ihm die Stunden ziemlich schwer

Dann schaut er sich im Spiegel an
Dann schminkt er sich die Farben ab
Sonst scheint er wohl ein froher Mann
Dort auf der Bühne, wo er´s kann
Ein Clown, der immer lacht sodann
Der Mensch ist, der auch Sorgen hat

Wenn dann die Vorstellung beginnt
Dann sind die Tränen lange fort
Wenn er vor all den Kindern singt
Wenn er dann lacht und hopst und spinnt
Dann ist das Leben bunt geschminkt
Man hört sein lustig
Traurig Wort

Sehnsucht

Sehnsucht nach dem „*Nicht mehr da*"
Ferne Heimat
Irgendwo
Alles da, doch nichts ist klar
Und ich friere einfach so

Damals, als wir flohen, ach
Da war Krieg, der Weg so lang
Nirgendwo ein Heimat-Dach
Tausend Ängste
Trauersang

Meine Heimat gibt's nicht mehr
Längst zerschossen und kaputt
Träume sind so endlos leer
Heimatliebe:
Tod und Schutt

Tränenmeer am Oderstrand
Glogau einst so stolz und schön
Jene Heimat dort mal stand
Doch sie sollt im Krieg vergehn

Sehnsucht nach dem Heimatland
Tief im Herzen bleibt es mir
Nirgendwo ich Frieden fand
Nur die Ruh ist ewig hier

Aufbruch

Aufbruch zu ganz großen Träumen
Weit hinaus ins All vielleicht
In unendlich fernen Räumen
In Sekunden nichts versäumen
Durch manch Tunnel geht's so leicht

Bis das Universum endet
Und darüber noch hinaus
Wenn die Menschheit sich entsendet
Manchen Lichtstrahl da verwendet
Baut sie dort ein neues Haus

Und wenn dann in weiter Ferne
Menschen denken kurz zurück
Sehen sie im Licht der Sterne
Einen Punkt voll Hoffnung, Wärme
Eine Erde
Heimatglück

Eine Liebe

Eine kleine Melodie ging mir nicht mehr aus dem Sinn: *You don´t bring me flowers ...* Sanft war sie, wie dieses Mädchen aus einer anderen Welt. Sie hieß Sharon, eine zauberhafte dunkelhäutige Sängerin. Wir lernten uns in New York kennen. Einfach so, auf einer Bank im *Central Park.* Ich wollte über die Menschen nach dem Terroranschlag vom *11. September* schreiben. Ich schaute in ihre Gesichter, die mir endlose Geschichten erzählen konnten. Und ich schaute auf diese riesige faszinierende Stadt mit ihren unzähligen Gefühlen, Sehnsüchten und Hoffnungen. Diese Stadt mit ihrem ständigen Auf und Ab. Immer und überall hier spürte ich den stetigen Puls dieser unergründlichen Metropole. Die Joggerin, die sich an diesem Septembermorgen auf die Bank neben mich setzte, kam mir gerade recht. Ich wollte ihr Fragen stellen, wollte sie in ein Gespräch verwickeln. Ich wollte von ihr erfahren, wie sie diesen verhängnisvollen 11. September erlebte. Die junge gutaussehende Frau schien völlig außer Puste zu sein. Sie atmete schnell und musste plötzlich niesen.
„Na, ist wohl doch ein bisschen kühl heut Morgen", fragte ich sie grinsend. Doch sie winkte nur ab, wollte eigentlich gleich weiterlaufen. Mir gefiel diese Frau. Ihre Spontaneität, ihre Sicherheit – ich fand das einfach toll. Etwas verwegen fragte ich noch schnell: *„Kann ich Sie irgendwo wiedersehen?"* Im gleichen Augenblick jedoch fand ich

diese Frage blöd und wollte mich entschuldigen. Als sie jedoch lächelnd nickte, hielt ich sofort inne. „Klar", antwortete sie kurz entschlossen. *„Heute Abend, 19 Uhr im Jingle-Club, Ecke 114. Findest Du schon!"* Während sie das sprach, rannte sie auch schon wieder weiter. Ich schmunzelte, rief noch ein „OK" hinter ihr her.
Den ganzen Tag hockte ich in meinem Hotelzimmer und überlegte. Ich erwischte mich bei dem albernen Gedanken, mich irgendwie schön für sie machen zu wollen. Aber vielleicht hatte sie ja auch schon einen Freund. Sicher hatte sie das! Ganz sicher, oder? Die Zeit schien einfach nicht vergehen zu wollen. Ich zählte die Stunden, die Minuten bis zu unserer Verabredung. Als es endlich soweit war, vergaß ich mein Outfit und sprang, so wie ich war, in ein Taxi. Als ich dem Taxifahrer meinen Zielort mitteilte, schaute der mich misstrauisch an. *„Was wollen Sie denn beim Jingle-Club"*, fragte er mich mit gesenkter Stimme. Ich erzählte ihm von meiner Verabredung. *„Na, Sie müssen es ja wissen"*, raunte der Taxifahrer mit verkniffenem Gesicht und fuhr los. Als wir ankamen, konnte ich meine Enttäuschung kaum verbergen. *„Ich hab´s Ihnen ja gleich gesagt"*, spottete der Taxifahrer, *„das ist hier ´ne ziemlich heruntergekommene Gegend. Hier will keiner gern her."* Eilig gab ich dem Fahrer das Geld und der brauste mit quietschenden Reifen davon.
Ich schaute mich um. Tatsächlich schien diese Gegend schon bessere Zeiten gesehen zu haben. Die alten Häuser sahen aus wie Ruinen, um die

sich lange keiner mehr gekümmert haben musste. Manche Gebäude waren zusammengefallen. Schutt und Müll lagen überall auf der löcherigen Straße verteilt. Wie kam nur eine so schöne Frau dazu, sich hier zu verabreden? Etwas weiter von mir entfernt fiel ein schwacher Lichtschein auf die Straße. Langsam lief ich dorthin. Das Licht kam aus einem ziemlich heruntergekommenen Lokal. Ich ging hinein und setzte mich an die Bar. Ich bestellte mir einen Drink und wartete. Ungefähr eine halbe Stunde musste vergangen sein, doch meine Verabredung kam nicht. Zwischendrin schaute ich immer wieder auf die Straße hinaus. Ohne Erfolg. Ich trank einen Whisky nach dem anderen und fühlte mich schon recht lebhaft. Da wurde die Beleuchtung etwas heruntergedreht. Rote Scheinwerfer flammten auf und beleuchteten eine kleine Bühne gegenüber von meinem Tisch. Eine Stimme rief über Mikrofon: *„Ladys and Gentleman! Hier ist der Star des heutigen Abends, Sharon!"*

Der rote Vorhang glitt zur Seite und da stand sie, die junge Frau, meine Verabredung! Sie war ganz in *Schwarz* gekleidet – und irgendwie erschien sie mir noch schöner als heute Morgen. Sie begann, ein wunderschönes Lied zu singen: *You don´t bring me Flowers* – ich hatte Tränen in den Augen. Das Lied war noch nicht verklungen, da applaudierte ich. Irgendein Säufer rief aus einer Ecke: *„Bravo Sharon! Weiter so!"*

Ich fühlte mich gut und doch auch wieder schlecht, fand es endlos traurig, dass diese wun-

derschöne Frau in einem solchen miesen Lokal auftreten musste. Sharon kam von der Bühne und setzte sich an meinen Tisch. *„Schön, dass Du gekommen bist. Na, wie war ich?"*, fragte sie mich leise. Ich schaute lange in ihre großen braunen Augen. *„Du warst großartig"*, hauchte ich und hatte in dieser Sekunde längst vergessen, was ich sie eigentlich fragen wollte. Ich schaute sie nur an und war wie verzaubert. Sie lächelte nur und meinte, dass sie gleich wieder auf die Bühne müsse. *„Klar"*, sagte ich verständnisvoll. *„Ich verstehe schon – kommst Du dann wieder her?"*
„Ich weiß es nicht", antwortete sie mit ernster Miene. Sie war plötzlich so seltsam irritiert, als hätte ich etwas Schlimmes gesagt.
„Ich darf mich nicht mit den Gästen abgeben. Ich freue mich aber, wenn Du ab und zu mal kommst."
Bei diesen Worten liefen ihr Tränen über die Wangen. Plötzlich griff sie in ihre Tasche und holte einen Briefumschlag heraus. Unter dem Tisch steckte sie ihn mir heimlich zu. *„Pass gut auf ihn auf"*, flüsterte sie. *„Wenn mir etwas zustößt, behalte ihn für Dich. Mach´s gut. Ich muss auf die Bühne."* Sie sprang auf und lachte, als sei gar nichts geschehen. Verwundert schaute ich ihr hinterher. Als sie ihren Song beendet hatte, verschwand sie hinter der Bühne und die roten Scheinwerfer verloschen. Ich fragte eine Bedienung nach Sharon. Doch die recht freizügig gekleidete Dame schüttelte nur mit dem Kopf. *„Nein, das geht nicht"*, sagte sie traurig. *„Vielleicht ist es besser, wenn Sie jetzt gehen."*

Ich konnte meine Trauer kaum verbergen. Dennoch zahlte ich und fuhr mit einem Taxi zurück zum Hotel. Die ganze Nacht brachte ich kein Auge zu. Sharon ging mir nicht mehr aus dem Sinn. Was meinte sie nur und was hatte es mit diesem vermeintlichen Brief auf sich? Ich nahm mir vor, gleich am nächsten Morgen noch einmal zu dieser Bar zu fahren. Vielleicht gelang es mir ja doch noch, Sharon zu finden und mit ihr zu sprechen. Ein komisches Gefühl machte sich in meinem Magen breit, ein seltsam flaues Gefühl, war das Liebe?

Am nächsten Morgen ließ ich mir einen Mietwagen buchen und fuhr schon recht zeitig los. Ich wollte mir die Gegend bei Tageslicht betrachten. Doch an der Stelle, wo gestern noch diese einsame Bar stand, befand sich heute eine verlassene Ruine. Lediglich über dem verfallenen Eingang konnte ich die teilweise zerbrochenen Buchstaben entziffern: JINGLE – CLUB.

Zwei Penner torkelten an mir vorüber. Ich rief laut: *"Wo ist denn die Bar? Gestern war hier noch eine Bar. Sie nannte sich JINGLE-CLUB. Wo ist das alles hin?"*

Die beiden Penner lachten laut und riefen: *"Hey Du Spinner! Was für 'ne Bar? Hier ist schon lange nichts mehr! Den Schuppen haben die Cops schon vor Jahren ausgehoben. War ein Drogenmarkplatz, Du verstehst? Gib lieber ein paar Dollar rüber!"*

Verstört kramte ich in meiner Jackentasche und drückte dem einen Penner schließlich einen Zehn-Dollar-Schein in die Hand. *"Danke Euer Gna-*

den", rief der hinter mir her. Ich lief um das Gebäude herum, schaute durch die zerbrochene Scheibe ins Innere. Doch mehr als zerbrochene Stühle und Tische konnte ich nicht erkennen. Überall lagen Glasscherben und Müll – hier musste schon seit Jahren keiner mehr gewesen sein. In diesem Augenblick fiel mir der Briefumschlag ein, den mir Sharon heimlich zugesteckt hatte. Ich zog ihn aus der Tasche und faltete ihn vorsichtig auseinander. Auf fleckigem, zerrissenen Papier stand dort geschrieben: *„Hallo, ich habe eine letzte Bitte an Dich. Geh in die Bar und schau unter den Tresen. Dort findest Du eine Urne. Begrabe sie auf dem Friedhof. Anbei liegt ein goldener Ring. Er ist das Wertvollste und Teuerste, was mir blieb. Er ist ein Erbstück meiner Mutter. Löse ihn ein und bezahle die Beerdigung davon. Dann finde ich endlich meine Ruh. In Liebe, Sharon."*
Ich konnte nicht glauben, was ich da las. Ich hatte Tränen in den Augen und las den Brief wieder und wieder. Sharon war also eine Seele, die noch immer nicht zur Ruhe gekommen war. Doch wie war sie zu Tode gekommen? Wer hatte diese Urne unter dem Tresen versteckt? Ich erhielt keine Antwort auf diese Fragen.
Durch ein zersplittertes Fenster kletterte ich in das Gebäude und suchte an der Stelle, wo der Tresen gestanden haben musste. Und tatsächlich! Unter einer alten verwitterten Bierleitung, zwischen vermoderten Steinen, Unrat und Dreck ertastete ich einen Gegenstand. Ich zog ihn heraus und hielt eine Urne in der Hand. Mit den

Fingern wischte ich den Schmutz ab und las den eingravierten Namen: *Sharon*.

Natürlich erfüllte ich Sharons letzten Wunsch, kümmerte mich um die Beisetzung und bezahlte alles. Die schönsten Blumen stellte ich auf ihr Grab. Und ihren goldenen Ring behielt ich in Gedenken an diese einzigartige Frau.

Monate später wurde mir vieles klar. Sharon war noch einmal zurückgekommen, weil ihre Seele keine Ruhe fand. Ich war wohl auserwählt, um ihr diesen letzten Dienst zu erweisen. Jetzt, nach all den vielen Jahren, konnte ihre rastlose Seele endlich Frieden finden. Mir jedoch blieb nur ein goldener Ring und dieses Lied von ihr, welches ich in so manch lauer Nacht noch höre: *You don't bring me Flowers*. Und mir blieb die Erinnerung an diese wunderschöne junge Frau, Sharon.

Das Wichtigste auf dieser Welt
Sind stets das Leben und die Kraft
Ist Hoffnung, die uns sicher hält
Und Liebe, die uns leidend macht

Stärke

Es war im Sommer 69. Ich lebte von meinem Mann getrennt – er arbeitete im Ausland, ziemlich weit weg. Sicher, es war schwer, den Jungen allein groß zu ziehen. Ich arbeitete damals in Chemnitz als Säuglings- und Kinderkrankenschwester in drei Schichten. Auch, wenn wenig Zeit blieb, unternahm ich so oft ich konnte etwas mit meinem Sohn. Stundenlang gingen wir spazieren. Und als ich ihm das lang ersehnte Fahrrad schenkte, konnte er unterwegs sein und mit seinen Freunden baden fahren. Meine Mutter half mir in dieser schweren Zeit wo sie nur konnte. Mit vereinter Kraft kamen wir über die Runden. Und obwohl die damalige *DDR* viel für junge Mütter tat, musste man doch zusehen, wie man die Dinge unter einen Hut bekam.

In diesem Sommer jedenfalls war es besonders schön – es war ein wunderschöner Sommer am Meer. Und es war ein *FDGB*-Ferienplatz, der kaum Wünsche offenließ. Meinem Sohn gefiel es am Meer. Er war und ist eine regelrechte Wasserratte. Doch bereits auf der Heimreise hatte ich immer wieder diese bohrenden Schmerzen im Oberbauch. Ich konnte es mir einfach nicht erklären. All diese wundervollen Tage am Meer. Die Wanderungen, das Schwimmen – ich hatte nie etwas bemerkt. Und nun? Pit, mein damals achtjähriger Sohn durfte nichts von alledem mitbekommen. Darauf achtete ich sehr. Doch in der Nacht, als wir im Schlafwagen in die Heimat zurückfuhren, konnte ich vor Schmerzen kein Auge zu tun. Nervös lief ich den langen Gang vor dem Abteil auf und ab. Der Schaffner fragte mich, ob er mir helfen könnte. Doch ich winkte nur ab und zwang mir dabei ein verkrampftes Lächeln ins Gesicht. Irgendwie musste es ja gehen! Natürlich fielen mir seine besorgten Blicke auf – wieder und wieder kam er aus seinem Dienstabteil und rollte bedenklich mit den Augen.

Am nächsten Morgen, längst hatte ich den Frühstücksbeutel aus der Reisetasche gekramt und die Thermoskanne mit Früchtetee auf die Ablage unterm Fenster abgestellt, weckte ich meinen Sohn. Verschlafen schaute er mich an. *„Wir sind bald da. Komm, Du musst noch etwas frühstücken"*, sagte ich leise. Die Schmerzen hatten merkwürdigerweise etwas nachgelassen. Auf dem Chemnitzer Hauptbahnhof half mir der Schaffner aufopferungsvoll, die schweren Koffer aus dem Abteil zu tragen. *„Kann ich sonst noch was für Sie tun, junge Frau?"*, meinte er nur. Ich verneinte.

„Na denn, kommen Sie gut heim."

Pit sprang schon übermütig auf dem Bahnsteig herum und zählte die einfahrenden Züge. Ich war glücklich, ihm wieder einen schönen Urlaub ermöglicht zu haben. Doch plötzlich kehrten die Schmerzen zurück. Sie wurden stärker und stärker. Zeitweise wurde mir so schlecht, dass ich die Koffer absetzen musste, um tief durchatmen zu können. Und da waren auch diese quälenden Ängste: *Was, wenn ich nicht mehr in der Lage wäre, mich um meinen Sohn zu kümmern? Was, wenn ich plötzlich …* Ich konnte diesen Gedanken nicht zu Ende denken, denn ich spürte bereits, wie die ersten Tränen aus den Augen rannen. Hastig zog ich ein Zellstofftaschentuch aus der Tasche und wischte mir heimlich die Augen trocken. Hoffentlich hatte Pit nichts bemerkt. Doch der schien bester Laune und hatte bereits einen kleinen Eisstand im Visier. *„Nur nicht an die Schmerzen denken"*, zwang ich mich, *„Du musst Deinen Jungen groß bekommen! Du hast für ihn da zu sein! Du musst!"*

Die gesamte Bahnfahrt über bis in unsere kleine Stadt schien sich mein Körper an die drastischen Befehle zu halten. Doch als wir endlich daheim auf dem kleinen Bahnhof eintrafen, hielt ich es vor Schmerzen einfach nicht mehr aus. Ich drückte Pit zwanzig Pfennig in die Hand und bat ihn, bei Irmi und Manfred, meiner Schwester und meinem Schwager, anzurufen. Sie besaßen ein Fahrzeug und sollten uns vom Bahnhof abholen. Es dauerte nicht lange bis sie kamen. Sie bemerkten sofort, dass mit mir etwas nicht stimmte. Ich wollte es ihnen erklären. Doch dazu kam ich nicht mehr. Mir wurde übel und taumelig. Ich spürte, wie ein leichtes Taubheitsgefühl

durch meine Gliedmaßen fuhr und mir die Kräfte nahm. Große Angst machte sich breit, vor allem die panische Angst um meinen Sohn. Was sollte nur aus ihm werden, wenn ich kein Geld mehr verdienen konnte? Niemals wollte ich ihn in irgendein Heim geben. Ich musste doch für ihn da sein. Irmi rief den Notarzt - und *Frau Dr. Müller* kam sofort. Sie war eine gute Freundin und ihre Praxis lag nicht sehr weit entfernt. Wenigstens kein fremder Arzt, dachte ich nur.
Plötzlich bekam ich keine Luft mehr. Ich röchelte nur noch und ein schneidender Schmerz zuckte durch meinen Leib. Die Sinne schwanden mir ... ich fiel und fiel ... endlos tief. Ich sah viele Etappen meines Lebens an mir vorüberziehen, sah die Geburt meines Sohnes – und am Ende eines seltsamen Tunnels ein weißes, warmes, wunderbares Licht. Rasch kam es näher – alle Schmerzen vergingen und mir wurde leicht, so unendlich leicht. Unter mir breitete sich die Erde aus, eine Szenerie wie in einem Science-Fiction-Film. Ich sah, wie sich Ärzte über eine leblose Frau beugten, wie die Frau beatmet wurde, wie ein kleiner Junge weggeführt wurde. Damals wusste ich nicht, dass ich mich selber sah. Das weiße Licht war plötzlich so nah, dass ich es beinahe greifen konnte. Da flackerte plötzlich ein greller Blitz auf und abrupt wurde es schwarz um mich herum! Nur eine leise Stimme sang aus der Ferne:

Oh Du wundervolles Leben, Du
Gabst mir viel, doch niemals Ruh
Gabst mir meinen lieben Sohn
Gabst mir Kraft als schönsten Lohn

Oh Du wundervolles Leben, ach
Halte meine Sinne wach
Denn mein Sohn braucht mich so sehr
Lass nicht zu, dass ich verlier

Wenn´s Dich gibt, Du lieber Gott,
mach gesund mich, mach mich flott
Meine Zeit, ich spüre es,
ist nicht um – muss leben jetzt!

Als ich erwachte, fiel mein Blick auf ein kleines geöffnetes Fenster gegenüber von meinem Bett. Ich versuchte, mich aufzurichten, doch es gelang mir nicht. Kraftlos fiel ich in die weißen Kissen zurück. Ich riss die Augen auf, wollte irgendetwas sehen, doch ich war einfach zu müde. Immer wieder fielen mir die scheinbar schweren Augenlider zu. Aus der Ferne vernahm ich eine Stimme. Sie rief fortwährend meinen Namen: *„Hallo Frau Vogt! Aufwachen! Frau Vogt, hören Sie mich?"* Mühsam gelang es mir endlich, meine Augen einen winzigen Spalt zu öffnen. Schemenhaft erkannte ich weit über mir das Gesicht einer jungen Frau. Ihre dunklen Haare hoben sich unnatürlich grell von ihrer weißen Bekleidung ab. Sie lächelte mich an. Ich glaubte, im Himmel angekommen zu sein. War das ein Engel?

„*Wo bin ich*", hörte ich mich wispern. Mit beruhigender Stimme sagte die junge Frau: „*Sie sind im Krankenhaus. Und sie haben die Operation gut überstanden. Ich bin Schwester Ina.*" Ungläubig starrte ich die vermeintliche Schwester an. Ich glaubte wohl noch immer, im Himmel zu sein. Doch so langsam kehrten die Erinnerungen zurück. Und seltsam verwirrt säuselte ich: „*Operation? Was für eine Operation? Und wo ist mein Sohn?*"
Ich erholte mich schnell. Pit war bei meiner Mutter, die sich rührend um ihn kümmerte. Später erfuhr ich, dass ich zusammengebrochen war. Die Ärztin brachte mich umgehend ins Krankenhaus. Dort wurde mir die Gallenblase entfernt. Außerdem diagnostizierte man eine Entzündung der Bauchspeicheldrüse. Der behandelnde Arzt offerierte mir, dass dieses Leiden nicht besser werden würde. Im Gegenteil, ich müsste nun erstrecht sehr stark auf meine Gesundheit achten. Ich durfte nicht mehr alles essen und brauchte etliche Medikamente. Insgesamt sechs Wochen lag ich im Krankenhaus. Nur an den Besuchstagen sah ich meinen Sohn, den meine Mutter jedes Mal mitbrachte. Es brach mir damals fast das Herz, ihn so traurig zu sehen. Irmi und Manfred brachten mir alle drei Tage frisches Obst, obwohl ich es eigentlich noch gar nicht essen durfte. Alle waren sehr bemüht und sorgten sich sehr. Doch es wollte einfach nicht aufwärts gehen mit mir. Eines nachts starb Irene, mit der ich all die lange Zeit im Zimmer gelegen hatte. Sie litt an der gleichen Krankheit. Ihre Bauchspeicheldrüse hatte

einfach aufgehört zu funktionieren. Ich mochte sie sehr, und dieses Erlebnis brachte mich beinahe an den Rand der Verzweiflung. Es warf mich um Wochen zurück. Ich weinte sehr viel in dieser Zeit. Manchmal hörte ich meinen Sohn, wie er vor dem Fenster meines Krankenzimmers stand und nach mir rief: *„Hallo Mami, bist Du da? Wie geht's Dir?"* Ich schleppte mich dann zum Fenster, nur um ihn zu sehen. Das gab mir wieder die nötige Kraft, um weiter durchzuhalten. Denn oft wusste ich nicht, wie lange ich all das noch ertragen könnte. In einer der folgenden Nächte wurde ich von einem lauten Geräusch aus meinem leichten Schlaf gerissen. Es musste von draußen kommen. Ich hob mich umständlich aus dem Bett und wankte zum Fenster. Draußen fielen dicke Flocken vom Himmel und vor dem Haus stand eine sehr hohe Tanne. Ihre Zweige wurden vom Wind immer wieder an die Scheiben geweht. Ich legte mich zurück ins Bett, wollte weiterschlafen. Da fiel plötzlich ein helles Licht, welches über der Tanne zu schweben schien, auf mein Bett. Ich erschrak, dachte im ersten Moment, jemand würde mit einer Taschenlampe vor meinem Fenster herumspielen. Doch wer sollte um diese Zeit mit einer Taschenlampe in ein Krankenzimmer leuchten?

Ich blinzelte in den Lichtstrahl hinein. Doch so sehr ich mich auch mühte, ich konnte nicht erkennen, woher es wirklich kam. Mir blieb nichts weiter übrig, als noch einmal aufzustehen und den Vorhang herüber zu ziehen. Dann würde ich wenigstens nicht mehr so geblendet. Als ich am Fenster stand, schaute ich noch einmal hinauf zu dem mysteriösen Licht. Es kam geradewegs aus den Wolken. Mit ganzer Kraft traf mich der vermeintliche Lichtkegel. Doch was war das? Obwohl es recht kühl im Zimmer war, wurde mir plötzlich warm, angenehm warm. Wie gebannt starrte ich in das sonderbare Licht. Es wurde nicht nur wärmer. Auch fühlte ich mich in diesem Augenblick stark, so stark wie nie vorher. Wie kam das nur? Instinktiv faltete ich meine Hände und sprach ein Gebet. Dabei dachte ich immerzu an meinen Sohn, der jetzt vielleicht schlaflos in seinem Bettchen lag und an seine Mami dachte. Plötzlich verlosch das Licht. Ich wollte noch eine Weile am Fenster bleiben, vielleicht kehrte es ja zurück. Doch die Kälte zwang mich schließlich, mich wieder ins Bett zurück zu legen. In dieser Nacht hatte ich einen seltsamen Traum, sah mich, wie ich plötzlich aus mir selbst emporwuchs. Ich sah mich mit meinem Sohn und meiner Familie unterm Tannenbaum sitzen. Wir umarmten uns und feierten Weihnachten. Es war ein wunderschöner Traum. Alles schien so real. Ich glaubte, alles würde wirklich geschehen, ich hoffte es so sehr.

In den folgenden Tagen besserte sich mein Zustand zusehends. Schließlich konnte ich aus dem Krankenhaus entlassen werden. Mein Sohn und meine Mutter holten mich ab. Weinend fielen wir uns in die Arme. All die schwere Zeit, all das Leid schienen wie weggefegt. Und mir wurde mein sehnlichster Wunsch erfüllt, ich durfte meinen Sohn wieder an mein *Herze* drücken. Ich durfte mit ihm sprechen und ihn streicheln, so wie früher. Auch mein Arzt kam aus dem Staunen nicht mehr heraus. Er gestand mir, so etwas noch nie erlebt zu haben. Und ich konnte mein Glück einfach nicht fassen.

Was ist´s nur für Freude
Ach, was für ein Tag
Kann´s nicht beschreiben, was ich auch sag
Zu spüren, zu fühlen, es geht wieder gut
Die Lieben zu sehen
Das macht so viel Mut

Die Nächte, die Sorgen
All das ist vorbei
Im Herz, in der Seele bin ich wieder frei
Ich wollt nur noch weinen
Vor Freud und vor Glück
Voll Dank kann ich sagen:
Ins Leben zurück

An *Heiligabend* desselben Jahres war ich wieder zu Hause. Ich besorgte eine wunderschöne Kiefer. Und wie an jedem Weihnachtsfest putzten mein Sohn und ich den Baum einen Tag vor dem Fest an. Am *Heiligen Abend* waren wir dann alle zusammen. Es war mein schönstes Geschenk, wieder gesund geworden zu sein. Es war das allerschönste Geschenk, zusammen mit meinem

Sohn und mit meiner Familie das Weihnachtsfest erleben zu können. Von dem seltsamen Erlebnis mit dem Licht hatte ich niemandem erzählt. Es blieb mein Geheimnis. War es das Licht oder meine eigene Kraft, die mich so stark werden ließ? Ich denke, es war wohl beides zusammen. In den folgenden Nächten beobachtete ich eine helle Sternschnuppe, die zwischen all den Myriaden von Sternen und unzähligen Wünschen der Menschen geheimnisvoll über das Dach unseres Hauses huschte und mir sagte:

Du bist stark und wirst es schaffen!

Engel der Träume

Sarah lebte am Rande eines Slums, einer Siedlung, die nur aus Wellblechhütten bestand, in dieser riesigen Stadt Buenos Aires. Erst vor kurzem hatte sie ihren Ehemann durch eine schwere Krankheit verloren. Kinder hatten sie keine und ihre Eltern, die auch so arm waren wie sie, lebten schon lange nicht mehr. Immer wieder ging sie zu dem kleinen Holzkreuz, welches sie am Rand des Hüttenmeeres aufgestellt hatte und weinte sich die Seele aus dem Leibe. Die Erinnerungen an die Kinderzeit, welche ihr die Eltern versuchten, so schön wie möglich zu gestalten, waren so nah. Und dann sah sie Finn, ihren Ehemann. Er musste so jämmerlich dahinvegetieren, bis er dann starb. Sie hatten so viel Schlimmes erlebt. Und doch niemals geklagt. Aber nun? Sollte es wirklich bis an ihr Lebensende so trostlos bleiben? Sie wusste genau, dass sich nichts ändern würde, hier in dieser Siedlung der Hoffnungslosigkeit, hier am Rande allen Glücks. Hier regierten nur die Trauer und die Angst, die Krankheiten und das Verderben. Hier gediehen nicht einmal die Blumen. Dennoch hatte sie eine Rose für die Eltern und für Finn neben das Holzkreuz gelegt. Sie wusste, dass es die Eltern und auch Finn bemerken würden. Ihre Seelen waren ihr manchmal so nah, so unglaublich nah. Und dann wollte sie bei ihnen sein, für immer und ewig. Doch sie konnte es ja nicht. Denn sie musste leben, sie musste es aushalten.

Jedoch das Glück blieb fern, viel zu fern für ihre Träume. Von ihrer Mutter hatte sie einst ein weißes Sommerkleid bekommen. Mutter hatte es selbst genäht und ihr zum 18. Geburtstag geschenkt. Es war das Einzige, was sie sich ihr Leben lang vom Munde abgespart hatte, dieses Sommerkleid für Sarah. Als sie dann starb, sagte sie noch mit letzter Kraft auf ihrem Sterbebett zu Sarah: *„Ach mein Kind, ich weiß, dass ich nun gehen muss. Aber ich werde dort oben immer an Dich denken, denn Du bist doch das Liebste und Beste, was mir je passiert ist. Eines Tages wirst Du das weiße Kleid tragen und im Park unter Weidenbäumen sitzen. Dann wird er kommen, der Engel der Träume und er wird Dich mit sich nehmen. Du wirst es wissen, wann diese Zeit gekommen ist. Dann gehe mit ihm und denk an meine Worte. Werde glücklich, denn das ist es, was ich Dir von ganzem Herzen wünsche. Ade Du mein liebster Stern."* Als sie starb, da regnete es goldene Sterne vom Himmel herab, nur auf Sarahs Haupt. Sie wollte nie mehr aufhören mit Weinen und wollte mit ihrer Mutter dorthin gehen, wo alles angefangen hatte. Irgendwohin, wo es besser sein würde. Doch sie blieb zurück und sie schwor sich, auf den Engel der Träume zu warten. Sie wusste genau, dass er kommen würde. Ja, eines Tages würde er da sein und sie würde wissen, dass er es ist. Dann würde sie ihm folgen und Mutter wiedersehen. Dort, irgendwo im fernen Reich der wunderschönsten Träume und der Illusionen. Und es wird so schön, wie es früher war.

Die Rose neben dem Kreuz verdarb und auch der Sommer ging. Doch es war nicht kalt, nur kühl und der frische Wind zog in Sarahs einsame Hütte am Rande dieses riesigen Slums. Zwischen den unendlich vielen Wellblechhütten verfing er sich und mischte sich unter die unzähligen Stimmen der vielen Menschen. Und die Kinder riefen und sangen Lieder, trotz alledem. Sarah ging hinaus und hatte solch ein merkwürdiges Gefühl. So ein Gefühl kannte sie bisher noch nie. Es war anders und so seltsam leicht. Sie fühlte sich wie eine Wolke, ein Vogel, der nie wieder landen wollte. Und sie breitete ihre Arme aus und drehte sich im Kreis. Obwohl sie seit dem Vortage nichts mehr gegessen hatte, drehte sie sich wie ein Kreisel. Und sie fühlte sich wunderbar dabei. Niemals mehr wollte sie aufhören sich zu drehen. So bunt sah sie ihre Welt noch nie. Und als der Wind noch stärker wurde, da hörte sie aus der Ferne eine wohlbekannte Stimme. Sie rief nach ihr, sang ein Lied, ein ihr so vertrautes Lied. Es war Mutter, die da sang. Welch eine Freude – es war das Lied, welches sie ihr immer sang, wenn Sarah in ihrem Bettchen lag und ihre Äugelein schloss. So sanft, so liebevoll, so reich an Träumen. Welche eine Serenade, die sie da in ihrem Herzen spürte. Und ihre Seele wusste, dass sie nun gehen musste. Irgendetwas zog sie magisch fort. Doch zuvor holte sie es aus dem alten Schrank, dieses wunderschöne weiße Kleid von Mutter. Das einzige und Schönste, was ihr noch geblieben war von ihren Träumen. Sie zog

es an und glaubte im selben Augenblick zu schweben. Unter sich sah sie die Millionen Blechhütten des dunklen Slums. Doch sie schwebte zu einem Park. Und dort standen hundert Weiden an einem weißen Kieselsteinweg. Eine alte hölzerne Bank wartete da im Blumenmeer auf sie. Sie nahm auf ihr Platz und spürte diesen märchenhaften Duft nach Rosen und nach Träumen. Dann sah sie Mutters Gesicht. Es schaute zwischen den Rosen hervor und lächelte sie an. Mutter hatte Tränen in den Augen. Sie sang ein wundervolles Kinderlied. Und leise klangen tausende Glöckchen, so, als wollten sie etwas einläuten, etwas Unfassbares ankündigen – den Beginn eines wundervollen Traums vielleicht? Der Beginn vom ewigen Glück? Ihr weißes Sommerkleid leuchtete wie ein zauberhaftes Licht in der Sonne. Sie fühlte sich wie ein Stern und ihre Mutter nickte ihr zu.
Sarah spürte, dass gleich etwas Unerklärliches geschehen würde, denn so hatte sie noch niemals ihre Mutter lächeln sehen. So hatte sie Mutter noch niemals weinen sehen, weinen vor Glück. Und Mutters Lied wurde immer intensiver, wie auch dieser sagenhafte, unerklärliche Rosenduft. Es war, als wollten sich alle Gefühle dieser Welt und alle Düfte dieser Erde in einem Himmel, der nur aus Träumen bestand, vereinen. Sie sah Finn, der ihr aufmunternd zunickte und sie wusste, dass irgendetwas Neues für sie beginnen würde. Und dann sah sie ihn, diesen makellosen jungen Mann, der aus einer Wolke zu entsteigen schien.

So etwas Prachtvolles, so etwas Unglaubliches hatte sie noch niemals zuvor gesehen und gefühlt. Welch eine Gnade, was für eine Demut empfand sie da. Sie verbeugte sich vor alledem und wurde im selben Augenblick erfasst von einer unbegreiflichen Liebe. Was für eine unaussprechliche Liebe – nein, diese Liebe kannte sie nur von ihrer Mutter, von Vater und von Finn. Ach, wie hatte sie nur all diese Menschen doch so sehr geliebt. So tief und innig, dass sie es nicht sagen konnte. Nein, diese unübertroffene Liebe durfte niemals mehr vergehen. Und als sie aufschaute, sah sie diesen jungen Mann auf dem Weg vor ihrer kleinen Bank vorübergehen.

Er blieb stehen, drehte sich um und seine himmelblauen Augen strahlten voller Zuversicht und voller Hoffnung. Ja, das musste er sein, der Engel der Träume! Sein goldenes Haar wehte ihm Wind und ihr war, als würde sie hören, wie er zu ihr sagte: *„Komm mit mir. Komm mit in eine andere Welt, dort draußen in dieser unendlichen Weiten, wundervollen Ferne."* Und er küsste sanft ihre Hände. Vorsichtig stand sie stand auf – und alsbald lösten sich beide auf in einer silbrig scheinenden Nebelwolke – und eine leise Melodie erklang, wie eine ferne Symphonie, Mutters Lied. Sarah weinte und auch der Engel hatte Tränen in seinen Augen. Er nahm das Mädchen in seine Arme und beide flogen durch die strahlenden Wolken ihrem Glücksstern entgegen. Weit hinter sich ließen sie die Welt und Sarah erinnerte sich an ihre kleine Bank, dort im Park der Illusionen.

Da wusste sie, dass nicht nur *manche* Träume wahr werden, nein, es waren *alle* ihre Träume, die wahr wurden. Was für ein Wunder, was für ein märchenhafter Traum. Sarah wünschte allen Menschen dort unten auf Erden dieses Glück, welches sie nun hatte. Denn er ist überall, dieser wundervolle Traum, diese einzigartige Hoffnung auf das ewige Glück. Es ist das, was nur sie in diesem Augenblick sehen konnte. Ja, Mutter hatte es gewusst. Nun war er da, dieser Moment, den nur er bestimmen konnte. Es war ihr *Engel der Träume*.

Courage

Amanda Miller wollte Bücher schreiben. Ihr Erstlingswerk war ein erotischer Roman. Bedauerlicherweise wollte keiner dieses Buch kaufen. Obwohl Amanda das zu sein schien, was man landläufig so als „Sexbombe" bezeichnete, und obwohl sie wirklich betörend mit ihren Wimpern klappern konnte, wurde der Roman einfach kein Kassenknüller. Zu allem Unglück und urplötzlich wollte auch der Verlagsleiter nichts mehr von ihr wissen und hatte sich kurzfristig für ein anderes Betthäschen entschieden. Und so beschloss sie, an einem zweifelhaften Autorenwettstreit eines mehr oder weniger angesagten Journals teilzunehmen. Für den Sieger hatte man einen wirklich wertvollen Preis ausgeschrieben; es gab viel Geld und einen Verlagsvertrag für den Besten, und Amanda wollte unbedingt dabei sein. Allerdings reizte sie weniger das Geld, vielmehr wollte sie endlich so richtig berühmt werden. Und so schrieb sie nächtelang und ersann sich den schnulzigsten Liebeskitsch, den man sich nur vorstellen konnte. Als sie den Brief mit der glühend heißen Kurzgeschichte in den Briefkasten warf, spürte sie einen heftigen Stich im Herzen. Und genau in diesem Augenblick wusste sie, dass sie siegen würde. Die Monate vergingen, doch eine Antwort kam nicht. Irgendwann hatte sie es satt und wollte der Sache auf den Grund gehen. Schnurstracks lief sie zum Verlagshaus, um sich nach der Preisjury

des Journals zu erkundigen, die für den Wettstreit zuständig war. Und sie hatte Glück, sie wurde ins Direktionszimmer vorgelassen, wo sie mit dem zuständigen Redakteur sprechen durfte. Aus dem Nachbarzimmer ertönte laute Radiomusik und die Leute dort schienen eine Menge Spaß zu haben. Als sich die Tür rein zufällig einen winzigen Spalt öffnete, konnte sie einen verstohlenen Blick in dieses Zimmer werfen und erschrak! An einem kleinen Schreibtisch saßen zwei sehr dicke Männer mit Halbglatze und prosteten sich mit randvollen Biergläsern lautstark johlend zu. Einer der feisten Kerle hielt mehrere Papierbogen in seiner Hand, mit denen er sich stöhnend immer wieder Luft zufächelte. Als Amanda für kurze Zeit allein im Zimmer war, weil der Redakteur, der mit ihr sprechen wollte, auf die Toilette gehen musste, schlich sie sich zur Tür und konnte nun sehen, was die Männer da lasen. Es waren wahrhaftig jene Kurzgeschichten, die bei dem Autorenwettstreit teilnahmen. Und es war wirklich total verrückt, aber gerade hielt einer der dicken angetrunkenen Männer ihre Geschichte in seinen fettigen Patschhänden und lästerte laut gestikulierend: *„Na mal sehen, was diese Niestüte da fabriziert hat, hahaha!"*
Während sich die beiden ausschütteten vor Lachen, war Amanda dasselbe längst vergangen. Sie wartete den Redakteur, der noch immer nicht von der Toilette zurückgekehrt war, gar nicht erst ab und stürmte wutentbrannt in das Neben-

zimmer. Die beiden Dicken waren derart überrascht, dass sie beinahe ihre Biergläser fallen ließen. Amanda jedoch war nicht mehr aufzuhalten. Zu allem entschlossen trat sie vor die vollkommen überraschten Männer und rief erbost: *„So sieht also ihre Auswahl des Siegers aus! Na, das hätte ich mir ja auch gleich denken können! Saufen und keine Ahnung haben! Her mit meiner Geschichte, die ist für Suffköppe wie sie es sind viel zu schade!"* Bei diesen Worten entriss sie dem Dicken die Geschichte und rannte laut schimpfend aus dem Zimmer. Die beiden Männer hingen sprachlos in ihren schwarzen Drehsesseln und wussten gar nicht, was sie sagen sollten. So etwas hatten sie wohl noch nie erlebt. Der anfänglichen Verwunderung folgte aber recht schnell eine gewisse Ängstlichkeit. Denn, was wäre, wenn diese vermeintliche Autorin zur Konkurrenzpresse lief und ausgerechnet dort ihre peinlichen Beobachtungen schilderte? Konnte man da nichts tun? Atemlos vor Entrüstung stand Amanda unterdessen auf der Straße vor dem großen Verlagsgebäude und musste erst einmal zur Ruhe kommen. All ihre Träume von einer großen Karriere, vom Ruhm einer aufstrebenden Schriftstellerin waren in den vollen Biergläsern der angetrunkenen, äußerst zweifelhaften *Zeitungsschmierer* ersoffen. Nie hätte sie es für möglich gehalten, dass ihre nächtelangen Mühen, ihre so liebevoll zusammen gepuzzelte Kurzgeschichte so mies heruntergemacht werden konnte. Nein, das war einfach zu viel für sie. Vielleicht sollte sie ja den

viel zu großen Traum für immer begraben? Zu Tode betrübt setzte sie sich in die kleine Cafeteria im Erdgeschoss des Verlagshochhauses und trank erst einmal einen ordentlichen Cognac. Das tat erstaunlich gut, und ganz langsam bemerkte sie, wie ihre Lebensgeister zurückkehrten. Als sie sich im Waschraum ein wenig frisch machen wollte, kamen ihr dann aber doch die Tränen. Da gesellte sich plötzlich eine alte Frau mit einer noch viel älter erscheinenden Kittelschürze zu ihr und beobachtete sie in dem großen, blank geputzten Spiegel über dem Waschbecken.
„Na Fräulein", sagte sie dann leise zu Amanda und lächelte sie dabei ein ganz klein wenig an, *„war wohl heute nicht so Dein Tag, wie?"*
Und nun konnte Amanda nicht mehr anders, weinend fiel sie der alten Frau um den Hals und erzählte ihr alles, was sie gerade erlebt hatte. Behutsam nahm die Alte Amandas Hand und drückte sie ganz fest an ihr Herz. Schließlich sagte sie entschlossen, und ihre Worte drangen wie ein rettendes Lebenselixier in Amandas Herz:
„Ach Mädel, wenn Du so lange wie ich hier unten stehst und den Leuten den Dreck wegmachst, dann wundert Dich gar nichts mehr. Musst nur einfach den Kopf oben behalten, dann wird's immer gut!"
Dann nahm sie eine Serviette und wischte Amanda fürsorglich die Tränen vom *schminkverschmierten* Gesicht. Amanda bedankte sich für die aufmunternden Worte und lief schließlich ganz langsam die Treppe wieder hinauf. Die alte Frau schaute ihr besorgt hinterher und musste sich

selbst eine Träne von der Wange streichen. Als Amanda wieder im Gastraum eintraf, stutzte sie – an ihrem Platz standen mehrere Männer, die aufgeregt mit der Serviererin tuschelten. Als Amanda näherkam, wurde sie sogleich freudestrahlend empfangen. Und nun erkannte sie auch einen der Männer, der sich bislang erfolgreich hinter der Serviererin verborgen hielt. Es war der Dicke, der eben noch etliche Etagen über der Cafeteria übel über ihr Manuskript hergezogen war. Glücklich mimte er nun den Edelmann und rief mit leicht lispelnder Stimme: *„Ah, da kommt ja unsere strahlende Siegerin! Diese schöne Frau ist die Siegerin unseres Autorenwettstreits!"*

Bei diesen Worten ergriff er schamlos Amandas Hand und schüttelte sie ohne Unterlass. Nur mit Mühe konnte die ihre Hand aus dem feuchtwarmen Würgegriff des unsympathischen wurstigen Mannes befreien und wischte sich dieselbe mehrmals an ihrem Taschentuch ab. Regungslos verharrte sie neben ihrem Tisch und starrte den Dicken verständnislos an. Sie wusste wohl nicht so recht, warum sie so überfreundlich empfangen wurde. Und sie wollte auch keine Siegerin mehr sein. Eigentlich wollte sie nur noch in Ruhe gelassen werden. Da erblickte sie an der schmalen Wendeltreppe, die nach unten zu den Toiletten führte, die alte Frau, die Toilettenfrau, die ihr gerade eben noch so verständnisvoll zur Seite gestanden hatte. Mit ernster Miene starrte die Alte zu ihr hinüber und mochte wohl denken: *„Mach jetzt bloß nichts verkehrt, Mädel"*

Da wusste Amanda, was sie zu tun hatte. Sie nahm den Blumenstrauß, den ihr der Dicke entgegenreckte und peitschte ihn dem verdutzen scheinheiligen Kerl mitten ins Gesicht. Dann rief sie aus voller Kehle: *„Auf diesen Sieg verzichte ich dankend! Mit solchen Betrügern, die es nicht ehrlich meinen, will ich nichts zu tun haben! Meine Geschichte ist gut, ja, ich weiß! Doch ich werde sie nie in Ihrer Klatschgazette drucken lassen, verstehen Sie, niemals! Leben Sie wohl!"* Damit verließ sie unter dem tosenden Beifall der übrigen Gäste und der alten Frau an der Treppe das Lokal. Irgendwie fühlte sie sich auch gar nicht mehr so schlecht; sie fühlte sich gut und total erleichtert. Entspannt und ruhig lief sie nach Hause und wollte sich zur Ablenkung eine Fernsehsendung anschauen. Als sie aber das TV-Gerät einschaltete, konnte sie nicht glauben, was sie da zu sehen bekam. Irgendjemand musste wohl die Szene in der Cafeteria auf Video aufgenommen haben. Jedenfalls wurde sie in dem Film als couragierte und anständige Frau gefeiert, die von einem unmenschlichen bösartigen Journal veralbert und nur zum Besten gehalten wurde. Es war wirklich alles zu sehen, sogar die Szene, als sie dem widerlichen Dicken den recht üppigen Blumenstrauß ins fettverschmierte Angesicht warf. Am liebsten wäre sie davongelaufen, so schämte sie sich. War es wirklich richtig, so heftig zu reagieren? Aber dieser unsympathische falsche Kotzbrocken, den ihre Kurzgeschichte in Wahrheit gar nicht interessierte, hatte sie derart herausgefordert, sie konnte gar nicht anders handeln. Was würde wohl diese liebe alte Frau dazu sagen? Sie würde ganz sicher meinen, dass man den Kopf immer oben tragen muss, egal, wie es auch kommen mochte. Und so atmete Amanda tief durch und schrieb einfach weiter – viele Geschichten und viele Romane.

Wie sich wenig später herausstellte, war eine TV-Redaktion, die drei Straßenecken weiter ihr Studio hatte, gerade auf Erkundungstour und hatte sensationslüstern das lautstarke Theater in der Cafeteria der lang schon verhassten Zeitungsredaktion mitverfolgt. Und weil man rein zufällig stets eine Kamera dabeihatte, wurde das ganze Drama heimlich aufgezeichnet. Die Sache wurde ein Renner und Amanda wurde über Nacht stadtbekannt. Sie war diejenige, die sich couragiert und entschlossen dem miesen Treiben der feisten *„Möchtegernredakteure"* entgegenstellte, weil sie wusste, was sie wollte. Und so erhielt sie kurz darauf einen äußerst lukrativen Vertrag und konnte all ihre wundervollen Bücher auch noch verfilmen. Das Journal, welches den Wettstreit einst ausgeschrieben hatte, wollte kein Mensch mehr kaufen. Es musste schon bald Insolvenz anmelden und ging sang- und klanglos ein.

Amandas Plakate hingegen waren überall zu bewundern, und nach einem halben Jahr wurde sie auch über die Ländergrenzen hinaus bekannt.

Eines Abends ging sie mal wieder in die kleine Cafeteria, um sich bei der alten Toilettenfrau zu bedanken.
Als sie die schmale Wendeltreppe nach unten lief, kam ihr schon ein alter Mann entgegen und wollte ihr helfen, die letzten Stufen mit den hochhackigen Absatzschuhen unfallfrei zu überwinden. Neugierig erkundigte sich Amanda nach der alten Frau, die hier als Toilettenfrau tätig sein musste. Auf einem kleinen runden Tisch, auf dem einiges Kleingeld herumlag, stand ein winziger Bilderrahmen. Auf dem Bild darin erkannte Amanda die alte Frau. Es war tatsächlich jene Toilettenfrau, die ihr einst so viel Kraft gegeben hatte.
Schnell erkundigte sich Amanda nach ihr. Da antwortete der alte Mann leise weinend: *„Ja, das ist meine geliebte Hiltrud. Ach, sie kann nicht mehr hier sein, weil sie vor zehn Jahren gestorben ist"*

Ellis Erinnerungen

Manchmal, wenn ich allein zu Hause sitze, erinnere ich mich an die alten Zeiten. Dann krame ich mir die alten Fotos aus dem Schrank und verbeiße mir so manche Träne. Ja, es war schon eine ereignisreiche Zeit, damals, vor 30 Jahren. Auf einem Foto entdeckte ich eines Tages auch unsere kleine alte Bar. Dort hatte ich damals meinen Ehemann Jim kennen gelernt. Die Musik, der Blues „*What A Wonderful World*" mit Louis Armstrong – ich höre es noch, als wären all die vielen Jahre nicht vergangen. Ich sah mich mit Jim an einem der wackeligen Holztische sitzen und Rotwein trinken. Ach, wir konnten uns damals kaum etwas leisten. Aber in die kleine Bar gingen wir dennoch immer, wenn wir Zeit hatten. Damals lebten wir noch in einem herunter gekommenen Zimmer mitten in Boston. Wenn wir miteinander tanzten, dann war es so, als kannten wir uns schon eine Ewigkeit. Und dann heirateten wir. Irgendwann zogen wir weg aus der Gegend. Dann kamen die Kinder, die Karriere, das Haus, die Scheidung. Tränen liefen mir übers Gesicht. In die alte Bar sind wir seither nie mehr gegangen. Ich klappte das Fotoalbum zu und beschloss, nach *Boston* zu fahren. Noch einmal wollte ich nach der Bar suchen, vielleicht gab es sie ja noch. Mir war nach Erinnerungen und die Neugierde ließ mir einfach keine Ruhe. Ich zog eine Jacke über, stieg ins Auto und fuhr nach Boston. Natürlich konnte ich mich nicht mehr genau erinnern, wo sich die Bar befand. Aber ich erinnerte mich noch, dass sie wohl zwischen zwei zierlichen runden Gebäuden stand, die aussahen wie Türmchen. Und tatsächlich, nachdem ich mich mehrmals verfahren hatte, entdeckte ich die winzige Seitenstraße mit den beiden Türmchen. Sogar die Bar gab es noch. Doch die Fenster waren vernagelt und das Schild überm Eingang, welches mir damals viel größer erschien, hing nur noch an einer alten Stromleitung und pendelte im Wind hin und her. Die Schrift darauf war nicht mehr zu erkennen. Ich erinnerte mich, dass wir damals heimlich, um nicht den Eintrittspreis zahlen zu müssen, durch einen Nebeneingang, den ausschließlich das Personal nutze, hineingingen. Ich suchte nach diesem Nebeneingang. Und ich fand ihn. Er stand offen. Vorsichtig trat ich ein. Unter meinen Schuhen knirschten Glasscherben der zerbrochenen Fensterscheiben. Die schmale Treppe, die zum Tanzsaal hinaufführte, war total verdreckt. Überall lagen zerfetzte Zeitungen und Unrat herum. Es roch muffig und alt. Sogar die Pendeltür zum Saal gab es noch. Ich stieß sie auf und stand augenblicklich in meiner eigenen Vergangenheit. Durch die Spalten der Bretter, die vor die Fenster genagelt wurden, fiel etwas Sonnenlicht auf das zerschundene Parkett. Das Licht verfing sich im Staub des leeren Raumes und verzauberte ihn regelrecht. In der Mitte des Saales stand vergessen ein kaputter Stuhl herum. Ich setzte mich, und was dann geschah, erscheint mir noch heute wie ein Wunder. Als ich mit meinen Fingern an der Unterseite des Stuhles entlang tastete, stieß ich auf etwas Weiches, das unterm Sitzpolster klemmte, es schien Papier zu sein. Ich zog es hervor und betrachtete es. Es war eine alte Zeitungsseite aus dem Jahre 1976. Unter einem langen Text konnte ich ein Foto sehen. Es war schon recht vergilbt. Aber ich konnte genau erkennen, was *-oder besser gesagt wer-* darauf abgebildet war: Jim und ich, wie wir auf dem Parkett tanzend unsere Runden drehten. Ich konnte es nicht fassen, wir beide, damals vor über dreißig Jahren, unbegreiflich. Mir schien es beinahe so, als sollte ich diese Zeitung finden. Denn plötzlich knackte es draußen vor der Pendeltür. Ich erschrak und schaute ängstlich zur Tür. Was, wenn irgendwelche Gauner hereinkämen? Oder vielleicht Obdachlose, die das verfallene Haus für sich okkupiert hatten? Doch es kam ganz anders. Als das Knacken und Knirschen verstummte, stieß jemand die Pendeltür auf. Durch das staubige Sonnenlicht konnte ich zunächst nicht sehen, wer da gekommen war. Langsam erhob ich mich von meinem Stuhl. Und jetzt konnte ich sehen, wer dort stand: *Jim!* Er schaute mich an und wir sprachen kein Wort. Wie konnte das nur möglich sein? Woher wusste er, dass ich ausgerechnet heute hier sein würde? Ich konnte mir all das nicht erklären. Doch es war real, Jim stand wirklich vor mir! In diesem Augenblick spürte ich einen heftigen Stich im Herzen. Mir schossen die Tränen in die Augen – ich konnte meine Gefühle nicht mehr kontrollieren. Jim lächelte mich an und sprach noch immer kein einziges Wort. Und auch ich konnte nichts sagen, denn mir hatte es regelrecht die Sprache verschlagen. Das konnte einfach kein Zufall sein! Wir liefen aufeinander zu und umarmten uns. Wir konnten uns nicht mehr loslassen und in diesem Moment war es so, als gäbe es nichts, dass uns noch trennen konnte. Was für ein faszinierender märchenhafter Augenblick. Wir küssten uns und tanzten so wie damals unsere Runden – quer durch den Saal. Und wie im Märchen ertönte der alte Blues, zu dem wir schon damals getanzt hatten, *„What A Wonderful World"* mit Louis Armstrong. Wir konnten unser Glück nicht fassen. Stundenlang tanzten wir zu einer Musik, die eigentlich gar nicht da zu sein schien. Als es draußen langsam dunkler wurde, hielten wir uns noch immer in den Armen. Wir wussten in diesem magischen Augenblick genau, es musste ein Zeichen sein, dass wir uns genau zu diesem Zeitpunkt in dieser kleinen verfallenen Bar mitten in dieser riesigen Stadt wiederfanden. Es war fantastisch und unwirklich zugleich. Es war unfassbar! Als wir gemeinsam die Bar verließen schien es uns, als wollte sie sich von uns verabschieden. Ein seltsam trauriges Gefühl schwebte in der Luft. Wir bedankten uns beim Verlassen des alten Gebäudes für diese wundervolle Schicksalsfügung. Und irgendwie schien es, als wünschte uns die alte Bar alles erdenkliche Glück dieser Welt. Jim und ich lebten seitdem

wieder zusammen. Und es begann eine intensive und liebevolle Zeit, die wir dankbar entgegennahmen. Ein Jahr später, es war unser Hochzeitstag, wollte Jim wieder zur alten Bar zu fahren. Vielleicht konnten wir dort wie früher tanzen und dem alten Blues lauschen. Dazu nahm Jim einen kleinen CD-Player mit. Er hatte sich vor Jahren die CD mit unserem Lied gekauft. Wir fuhren nach Boston, doch das Gebäude, unsere kleine Bar zwischen den Türmchen gab es nicht mehr. Sie war weggerissen worden. An der Stelle, an welcher sie stand, befand sich nur noch ein Trümmerhaufen. Das Merkwürdigste aber war, dass wir neben dem Schutthaufen einen alten Stuhl fanden. Ich betrachtete ihn mir genau und fand die alte Zeitungsseite mit unserem Foto unter dem Sitzpolster. Ich zog sie heraus und steckte sie ein. Dann erkundigten wir uns in einem Antiquitätenladen ganz in der Nähe, wann das Gebäude weggerissen wurde. Die freundliche Inhaberin schaute uns irritiert an. Offensichtlich wunderte sie sich über diese Frage. Schließlich meinte sie kühl: *„Die Bar gibt es schon seit dreißig Jahren nicht mehr. Sie ist damals bis auf die Grundmauern abgebrannt. Seitdem liegt der Schutthaufen hier herum und keiner kümmert sich mehr darum."*
Wir konnten es nicht glauben. Doch plötzlich erklang Musik aus der Ferne. Es war ein Blues, welcher uns beiden sehr bekannt vorkam und uns die Tränen in die Augen trieb, *„What A Wonderful World"* mit Louis Armstrong. Und wir

tanzten in dem kleinen Laden dazu, als sei die Zeit niemals vergangen …

Der Weihnachtsengel

Kurz vor Weihnachten hatte Ralfs Schulklasse eine kleine Ausfahrt geplant. Es sollte in den Harz gehen, wo man sich die wunderschöne Stadt Wernigerode anschauen wollte. Auch der Besuch eines Gottesdienstes war geplant. Dazu wurde ein Bus organisiert. Am 22. Dezember, in den frühen Morgenstunden ging es los. Siebzehn Schüler fuhren mit und alle freuten sich gleichermaßen auf die Tour. Die Eltern hatten den Kindern prall gefüllte Rucksäcke für die Reise mitgegeben und nun standen alle am vereinbarten Ort, um sich zu verabschieden. Es war ein großes Hallo, als sich die Kinder trafen und ein noch größeres, als endlich der Bus anrollte. Die Kinder stiegen ein und die Reise begann. Weil es ziemlich kalt war, hatte der Busfahrer die Heizung so richtig aufgedreht. Einer nach dem anderen zog sich seine Jacke aus. Bis zur ersten Rast spielte auch das Wetter mit. Die Sonne strahlte vom Himmel und die Autobahn war vom Schnee beräumt. Alles klappte hervorragend und alle freuten sich schon auf Wernigerode. Ralf saß neben Uwe, seinem Schulfreund. Die beiden hatten sich immer eine Menge zu erzählen. Vor allem Ralf, denn sein kleines Schwesterchen, welches andauernd im Mittelpunkt stehen wollte, nervte ihn damit, den Weihnachtsmann sehen zu wollen. Dabei glaubte Ralf schon lange nicht mehr an ihn, denn der Weihnachtsmann war immer der Papa. Auf dem

Rastplatz gab es erst einmal ein ordentliches Frühstück. Heiße Würstchen mit Limonade. Aber auch Schokoriegel hatte der Busfahrer mit an Bord. Der heiße Tee der Eltern blieb in den Thermoskannen. Frisch gestärkt ging´s endlich weiter.
Plötzlich verschlechterte sich das Wetter. Es begann heftig zu stürmen und zu schneien und die Fahrbahn, die in der kurzen Zeit natürlich nicht geräumt werden konnte, verwandelte sich in eine gefährliche Rutschbahn. Der Busfahrer kam nicht mehr dazu, den Bus so schnell abzubremsen. Mit immer noch viel zu hohem Tempo fuhr er in den Schnee und der Bus begann beängstigend auf der Fahrbahn zu schlingern. Noch versuchte der Fahrer gegenzulenken. Vielleicht ließ sich das tonnenschwere Gefährt ja irgendwie stabilisieren. Er bremste nicht, weil das den Bus erst recht ins Trudeln bringen würde. Sicherheitshalber hatte er den Fuß vom Gas genommen. Doch all diese Maßnahmen, wie auch die Sicherheitstechnik im Bus reichten nicht mehr aus. Gespenstische Stille breitete sich unter den jungen Fahrgästen aus. Einige schauten sich nur an, andere starrten wie vom Schlag gerührt hinaus auf die verschneite Fahrbahn. Keiner sprach auch nur ein einziges Wort. Auch Ralf und Uwe klebten in ihren Sitzen und hielten sich verkrampft an den Sitzlehnen fest. Das Hin und Herschaukeln des Busses wurde immer heftiger und bedrohlicher. Schon flogen einige Rucksäcke wie Geschosse durch den Bus. Glücklicherweise

trafen sie keinen der Fahrgäste. Schließlich durchbrach das Fahrzeug die Mittelleitplanken, schaukelte aber sofort wieder quer über die Fahrbahn auf die andere Seite und raste über die Standspur hinaus. Ein greller Blitz zuckte an den Fenstern vorbei und ließ den Bus erzittern. Alle rechneten bereits mit dem Schlimmsten.

Plötzlich wurde die Fahrt merklich langsamer und nach einem heftigen Stoß kam der Bus kurz vor einem Waldstück schließlich zum Stehen. Doch was war das, wo blieb der Fahrer? Der Sitz hinter dem Lenkrad war leer! Stattdessen öffnete sich die vordere Tür und ein Mann in einem roten Weihnachtsmannkostüm stieg zu. Die vollkommen verängstigten Kinder konnten noch immer nicht sprechen. Stumm krallten sich alle an ihren Sitzen fest.

„Na, sind alle noch heil geblieben?", rief der Fremde laut. Die Kinder wussten nicht, was sie davon halten sollten. Noch immer saß ihnen der Schreck in den Gliedern. Einigen war schlecht geworden und wollten aussteigen. Doch der Fremde meinte nur mit lustiger Stimme: *„Ich sehe, Euch geht's gut. Das ist doch schon mal was. Und aussteigen könnt ihr gleich. Es muss nur noch etwas geregelt werden, dann lasse ich Euch alle raus. Zieht Euch aber warm an, denn draußen ist es kalt. Habt Ihr alle eine Jacke dabei?"*

Die Kinder wurden langsam etwas ruhiger und fanden auch ihre Sprache wieder. *„Ja!"*, riefen alle wild durcheinander.

„Da bin ich ja beruhigt. Draußen gibt's gleich heißen Tee. Und ansonsten wünsche ich Euch und Euren Familien trotz alledem recht Frohe Weihnachten!" Ralf schaute neugierig aus dem Fenster. Aber er konnte nirgends jemanden entdecken. Und erst jetzt bemerkte er, dass auch die Autobahn vollkommen verlassen schien. Kein einziges Fahrzeug war zu sehen. Eben noch rasten doch dutzende Autos vorbei. Wo waren die alle geblieben? Im Schnee stecken geblieben? Aber dann müssten sie doch zu sehen sein. Ralf wusste nicht, was er dazu sagen sollte. Er schaute zu dem seltsamen Weihnachtsmann, der im Gang stand und sich mit den Kindern unterhielt. Dann schaute er zur leergefegten Autobahn hinüber. Auch der Schneesturm hatte aufgehört. Die Sonne schien, als sei nichts geschehen. Und wo blieb eigentlich der Fahrer? Unmöglich konnte der Bus ohne Fahrer unterwegs gewesen sein, oder? Als der Fremde neben ihm im Gang stand, erkundigte sich Ralf nach dem Fahrer. Der Fremde schaute Ralf plötzlich so merkwürdig traurig an und sagte dann leise: *„Glaub mir Ralf, dem geht es gut. Es lohnt sich nicht, dass Du Angst um ihn hast. Wichtig ist nur, dass es Euch allen hier gut geht. Nur das zählt im Moment."* Hatte dieser obskure Weihnachtsmann da etwa seinen Namen genannt. Ralf erschien das Verhalten des Fremden immer seltsamer. Er fragte ihn, woher er seinen Namen wüsste. Doch der Fremde lachte nur und meinte dann, dass der Weihnachtsmann alles wüsste, sonst wäre er ja nicht der Weihnachts-

mann. Aus seinen großen Manteltaschen holte er plötzlich unzählige Zimtsterne heraus. Sie waren sehr groß, viel größer als die, die man in den Läden kaufen konnte. Er verteilte die Zimtsterne unter den Kindern, die sich sogleich gierig darüber hermachten. Der Unfall und der fehlende Fahrer schienen beinahe vergessen. Nach ein paar Minuten rief der Fremde, dass nun alle aussteigen müssten. Die Kinder befolgten seine Anweisungen. Draußen sollten sie sich vor den angrenzenden Wald stellen und warten. Hilfe sei schon unterwegs. Und der heiße Tee auch. Dann sagte er noch: *„Fürchtet Euch nicht. Alles wird gut. Immer. Wichtig ist nur das Leben, mehr nicht."*
Bei diesen letzten Worten schlug er ein Kreuz vor den Kindern und verschwand urplötzlich zwischen den Bäumen des Waldes. Kaum war er verschwunden, setzte ein heftiges Schneegestöber ein. Der Sturm kehrte zurück und peitschte die eiskalten Flocken auf die roten Wangen der Kindergesichter. Und auf der nahen Autobahn kroch eine endlose Autokarawane vorbei. Außerdem wurde es dunkler und dunkler. Doch was war das? Ihr Bus, aus welchem sie eben noch ausgestiegen waren, lag zerbeult und vollkommen zerstört auf der Seite. Aus einigen Fenstern schlugen meterhohe Flammen und dicker Rauch. Ängstlich standen die Kinder am Waldrand und konnten nicht glauben, welch schreckliches Bild sich ihnen bot. Ralf zitterte vor Kälte und vor Angst. Er hatte in diesem Moment so unendlich viele Fragen. Wie war es möglich, dass keiner

von dem Brand etwas mitbekommen hatte? Und wie war es möglich, dass alle diesen furchtbaren Unfall überlebt hatten? Aus der Ferne vernahmen sie das Geheul von Polizeisirenen. Endlich kam Hilfe. Die Kinder wurden noch vor Ort von Notärzten untersucht. Man hüllte sie in warme Decken und gab ihnen heißen Tee. Es stellte sich heraus, dass sie völlig gesund und unversehrt waren. Nicht einmal ein Knochenbruch wurde festgestellt, nichts. Nur ihre Rucksäcke waren im Feuer verbrannt. Für den Busfahrer allerdings kam jede Hilfe zu spät. Als der Bus gegen die Leitplanke stieß und sich daraufhin überschlug, wurde er aus dem Fahrzeug geschleudert. Ralf berichtete einem Polizeibeamten von den rätselhaften Erlebnissen. Auch von dem seltsamen Weihnachtsmann und den großen Zimtsternen sprach er. Doch der Beamte schaute ihn nur misstrauisch an. Als auch die anderen Kinder von diesem merkwürdigen Erlebnis berichteten, wurden die Beamten sehr nachdenklich. Doch es überwiegte die Freude. Froh und glücklich konnten die Eltern ihre Kinder wieder in ihre Arme schließen. Am *Heiligen Abend* hatte man alle Kinder und deren Eltern zu einem Gottesdienst in die Kirche eingeladen. Alle waren gekommen. Und als Ralf, der auch Schülersprecher war, am Mikrofon einige Worte des Dankes an die Retter richtete, sah er unter den vielen Menschen, die auf den alten Holzbänken saßen, einen Weihnachtsmann. Der saß neben Ralfs kleiner Schwester und beide knabberten ungestört an riesengroßen Zimtsternen herum. Ralf wiederholte die Worte, welche der Weihnachtsmann aus dem Bus zu ihnen sprach: *"Fürchtet Euch nicht. Alles wird gut. Immer. Wichtig ist nur das Leben, mehr nicht."*

Als er geendet hatte und wieder in die Menschenmenge schaute, war der Weihnachtsmann verschwunden. Nur ein silberner Nebelschleier flog durch das große Kirchentor hinaus bis in den sternenübersäten Himmel. Wie von selbst begann die Orgel ein Lied zu spielen: *"Stille Nacht Heilige Nacht"* Und Ralf war es beinahe so, als ob er in dem silbernen Streif zwei leuchtende weiße Flügel gesehen hätte …

Nur ein bisschen Lachen

Ted Wolters war ein sehr erfolgreicher Industrieller. Er verdiente sein Geld mit der Herstellung von Clownskostümen. Und weil gerade der Markt im Osten immer größer wurde, verkaufte er Millionen, ja, Milliarden seiner lustigen Kostüme. Leider vergaß er über seiner vielen Arbeit seinen achtjährigen Sohn Ron. Der war zwar recht gut in der Schule, doch irgendetwas schien ihm zu fehlen. Er fühlte sich allein und einsam, obwohl er in der Schule an allen Freizeitbeschäftigungen teilnahm.

Eines Tages spielte Ron im Garten der riesigen Luxusvilla und warf den Ball außergewöhnlich weit. Er landete im Geäst eines hohen Baumes und Ron wusste nicht, wie er den Ball da wieder herunterbekommen sollte.

Plötzlich winkte ihm ein kleiner Junge jenseits des Gartenzaunes entgegen. Immer wieder sprang er hoch, um über den Zaun zu sehen und Ron winkte ihm zurück. Der fremde Junge war ziemlich ärmlich gekleidet. Doch seine bunte Jacke über den löchrigen Hosen sah irgendwie aus wie die eines lustigen Clowns. Ron interessierte das wenig, wenngleich er die lustige Clownsjacke wirklich toll fand. Stellte so etwas nicht sein Papa in einer seiner vielen Fabriken her? Wie lange war es schon her, dass er mit seinem Papa gespielt hatte? Schnell wischte er sich eine Träne von der Nase und freute sich, dass ihm jemand zugewinkt hatte. Und natürlich wollte er den fremden Jungen kennen lernen, lief zum Tor und ließ ihn ein. Der fremde Junge staunte und war sprachlos, denn ein solch wunderschönes prachtvolles Haus schien er fürwahr noch niemals gesehen zu haben. Allein die marmornen Terrassenplatten und die vielen weißen Engelsfiguren, die am Eingang und hoch oben, auf dem Dache standen, ließen ihm den Mund offenstehen. Ron schien das gar nicht mehr zu bemerken, er hatte sich an all den vielen Luxus gewöhnt und rief kurzerhand: *„Das ist ja schön, dass Du mir gewinkt hast! Das hat schon lange keiner mehr getan. Kannst Du mir helfen, meinen Ball aus dem Baum dort oben zu holen?"*

Der fremde Junge, der sich Conni nannte, nickte und schon rannten die beiden zu der Stelle, wo der riesige Baum stand. Conni schaute am Stamm empor und meinte dann, dass er versuchen würde, am Stamm empor zu klettern. Ron hatte Bedenken, wollte nicht, dass Ron sich verletzte oder gar vom Baume fiel. Er fragte Conni, ob es vielleicht doch noch einen anderen Weg gäbe. Doch Conni wusste keinen. Ron dachte kurz nach und schlug vor, dass sie gemeinsam auf den Baum kletterten. Conni wusste nicht so genau, ob der gut gekleidete Ron für solch eine Klettertour richtig gekleidet war. Immerhin hatte er selbst nichts besonders auf dem Leibe, da war es ja egal. Ron jedoch bestand darauf und so kletterten die beiden Stück für Stück nach oben. Als sie ungefähr die Mitte des Baumstammes erklommen hatten setzte plötzlich ein starker Wind ein. Der ganze Baum wurde meterweit nach allen Richtungen gebogen und die beiden Jungen hatten große Mühe, sich an ihm festzuhalten. Der Ball im Geäst weiter oben konnte sich allerdings nicht mehr halten und fiel an den beiden Jungen vorbei nach unten auf die Wiese. Als die Jungen das sahen, wollten sie wieder hinabklettern, doch Ron verhedderte sich an seinen weiten Hosenbeinen und verlor schließlich den Halt. Conni wollte ihn noch warnen, doch es war bereits zu spät. Ron fiel und fiel und fiel und landete ziemlich hart auf der Wiese. Bewusstlos blieb er dort liegen und rührte sich nicht mehr. Conni bekam es mit der Angst zu tun. Aber da bog eine lange schwarze Limousine in die Toreinfahrt und hielt schließlich auf dem weißen Kieselsteinweg vor dem Hauseingang. Conni starrte entsetzt auf den schwarzen Wagen und dann zu Ron. Es war Rons Papa Ted, der da von seiner letzten Geschäftsreise aus China zurückgekehrt war. Als er aus dem Wagen stieg, erblickte er seinen bewusstlosen Sohn auf der Wiese und den zerlumpten Conni daneben. Laut brüllend und heftig gestikulierend rannte er auf Conni zu, während er mit seinem edelsteinbesetzten Handy die Polizei rief. Die kam ziemlich rasch und Ted versuchte mit allen Mitteln seinen Sohn ins Leben zurückzuholen. Conni wollte erschrocken davonrennen, doch Ted verstellte ihm den Weg und überwältigte ihn. Mit einem Gartenschlauch fesselte er den armen kleinen Jungen an den dicken Baumstamm und widmete sich seinem

Sohn. Ron kam schnell wieder zu sich und wusste gar nicht, wie ihm geschehen war. Er wollte noch sagen, dass Conni gar keine Schuld hatte, doch da traf auch schon die Polizei ein. Ted übergab den sprachlosen Conni den Beamten und erstatte auch gleich noch eine ordentliche saftige Anzeige gegen den Jungen. Dann trug er seinen Sohn ins Haus, wo sich der schnell herbeigeeilte Hausarzt um ihn kümmerte. Es stellte sich heraus, dass Ron keine körperlichen Schäden davongetragen hatte. Lediglich einige Blessuren an den Armen und den Beinen waren noch zu sehen. Doch auch die sollten wohl bald verheilt sein, so der Arzt. Stattdessen wunderte sich Ted, dass sein Sohn einfach nicht mehr aufstehen wollte. Apathisch lag er in seinem Bettchen und wurde von Tag zu Tag trauriger und schwächer. Ted wusste schon gar nicht mehr, was er tun sollte, bestellte die besten Ärzte der Stadt. Doch auch die wussten angesichts des Zustandes von Ron keinen Rat. Sie hatten einfach keine Erklärung für den stetigen Verfall des kleinen Jungen. Ted meinte, dass er eigentlich längst wieder im Ausland sein müsste, denn die neuesten Vertragsverhandlungen duldeten keinerlei Aufschub. Doch seinem Sohn ging es von Tag zu Tag immer schlechter und keine Medizin half gegen diese Schwäche. In einer stürmischen Gewitternacht röchelte Ron leise vor sich hin und Ted rechnete bereits mit dem Schlimmsten.
Plötzlich wehte der Wind die Gardine von Rons Zimmerfenster zur Seite und Conni stand im

Raum. Ted wollte den fremden Jungen schon hinausjagen, da sprach Conni: *„Machen Sie endlich Ihre Augen auf! Ihrem Sohn fehlt nichts weiter als der Papa. Ein kleines bisschen Liebe, ein Lachen und ein wenig Zuwendung von Ihnen, das fehlt ihm. Warum geben Sie ihm das nicht? Wollen Sie, dass er vor Einsamkeit und Gram stirbt? Wollen Sie das wirklich?"*
Sprachlos starrte Ted zu dem vom Regen durchnässten Conni und hatte Tränen in seinen Augen. Er streichelte Ron übers Gesicht und sank hilflos zu Boden. Dabei rief er immerzu: *„Aber was soll ich denn tun? Sag´s mir doch!"*
Conni ging zu ihm und sagte leise: *„Sie wissen genau, was Sie tun müssen. Bleiben Sie daheim und übertragen Sie die Geschäfte einem Geschäftsführer. Sie haben so viel Geld, da dürfte Ihnen so etwas doch nichts ausmachen, oder? Retten Sie Ron indem Sie bei Ihm bleiben. Lachen und spielen Sie mit ihm und dann wird er wieder gesund, glauben Sie mir. In Gottes Namen tun Sie, was ich Ihnen gesagt habe, jetzt!"*
Der gut gekleidete Ted schaute zu seinem Sohn, dann zu Conni und schließlich zur Zimmerdecke. Dann rief er flehend: *„Ja, ich werde es so tun, wie Du gesagt hast! Aber ich will, dass mein Liebling, mein einziger Sohn, dass Ron wieder gesundwird, bitte!"*
Conni schaute schweigend zu dem zusammengesunkenen, mächtigen Mann und verschwand hinter der Gardine. Ted wollte ihm noch etwas sagen, wollte nicht, dass er ging. Doch als er zum Fenster sprang, um Conni aufzuhalten, war der

nirgends mehr zu sehen. Auch im Garten, der von den grellen Blitzen sekundenlang erhellt wurde, war er nicht. Dafür vernahm Ted ein sehr vertrautes Geräusch. Es war Ron, der laut hustete. Panisch lief der Ted zu seinem Sohn, glaubte schon, ihn nun endgültig zu verlieren. Doch Ron hustete nur, weil er sich verschluckt hatte. Er lächelte und fragte seinen Papa, was geschehen sei. Der fiel seinem Sohn um den Hals und weinte vor Freude. Und in diesem Augenblick wusste er genau, was er zu tun hatte – er wollte nie wieder fort gehen von Ron, niemals wieder! Nie mehr wollte er ihn allein lassen und sich ab sofort wie ein richtiger Papa um ihn kümmern. Als er das Ron sagte, musste auch der weinen. Die beiden umarmten sich und waren so unendlich glücklich, dass sie zusammen waren. Es war wirklich nur dieses kleine bisschen an Zuwendung, dieses kleine bisschen Lachen, welches doch so sehr gefehlt hatte.

Ron wurde schnell wieder gesund und spielte schon bald mit seinem stolzen Papa Fußball im Garten. Und sie luden alle Kinder aus der Nachbarschaft dazu ein, die reichen und die armen. Und alle hatten eine Menge Spaß. Von Conni allerdings hörte Ron nie wieder etwas.

Eines Abends allerdings, als alle Kinder wieder nach Hause gegangen waren, saßen Ron und sein Papa noch ein wenig im Garten und genossen die abendliche Kühle. Da klapperte es plötzlich auf dem Dach der großen Villa. Irgendetwas schien sich dort gelockert zu haben – war es vielleicht ein Dachziegel? Die beiden stiegen hinauf auf den Boden und Ron schaute aus einem der Dachfenster, um dem vermeintlichen Klappern auf die Spur zu kommen. Sein Blick fiel auf einen der kleinen weißen Engel, die am Giebel des Daches standen. Offenbar hatte sich einer von ihnen ein klein wenig gelöst und klapperte nun hin und her. Als Ron genauer hinschaute glaubte er, seinen Augen nicht mehr zu trauen. Denn der kleine Engel trug eine bunte Clownsjacke und zwinkerte ihm aufmunternd zu. Dann löste er sich einfach in Luft auf und Ron war sich sicher, dass der Engel Conni wie aus dem Gesicht geschnitten ähnlich war ...

Die Petroleumlampe

Es war kein leichtes Leben, da draußen auf der Straße. Jeder Tag glich einem harten Überlebenskampf. John lebte schon seit etlichen Jahren auf der Straße. Er war obdachlos und hatte keinen Job. Zwar hatte er vor vielen Jahren mal etwas gelernt. Damals, als er noch seine Eltern hatte und die ihn ein bisschen unterstützen konnten. Doch das war lange her und seine Eltern waren längst tot. Die alte Decke und die Sachen, welche er auf dem Leib trug, waren die einzigen Dinge, die ihm noch geblieben waren. Dabei hatte er einst so viele Träume, so viele Hoffnungen auf ein besseres Leben. Und immer, wenn er die vielen fremden Menschen mit hoch erhobenen Nasen an ihm vorbeilaufen sah, wurde er sehr traurig. Sollte es wirklich so weitergehen. Manchmal ging er auf den Friedhof der Stadt, um seinen Eltern ein paar Blumen, die er sich von erbetteltem Geld kaufte, zu bringen. Dann saß er lange auf der Bank neben dem Grab und weinte bitterlich. Draußen auf der Straße war keine Zeit zum Jammern und zum Traurig sein. Dort herrschten harte Gesetze. Denn wer sich da nicht durchboxte, hielt nicht durch. Viele hatte er gesehen, die irgendwo am Straßenrand lagen, zusammengeschlagen, verendet wie Vieh und vergessen von der Wohlstandgesellschaft. Und er hatte sich stets geschworen, dass ihm das niemals passieren durfte. Das war er seinen lieben Eltern *und letztlich auch sich selbst* schuldig.

Doch der Winter nahte und es schien, als würde er diesmal besonders kalt werden. Er wollte jedoch nicht in eine dieser furchtbaren Notunterkünfte, wo er noch deutlicher zu spüren bekam, dass er nur der allerletzte Dreck war. Außerdem grassierten dort die Diebstähle und er konnte es sich in diesen Zeiten einfach nicht erlauben, auch noch seine Decke und seine warme Jacke zu verlieren. So trieb er sich zwischen den Containern am Hafen herum. Dort war es nicht so zugig, und er konnte ständig sein Domizil wechseln, um nicht entdeckt zu werden.
Es ging auf Weihnachten zu und überall in den breiten Straßen von Chicago ertönten die wunderschönsten Weihnachtslieder. In den Vorgärten der besser gestellten Leute standen leuchtende glitzernde Weihnachtsbäume mit duftenden Kerzen daran. In diesen Tagen warfen die Leute sehr viel Brauchbares weg. Sie wollten sich wohl von alten Dingen entledigen, um frischen Wind fürs neue Jahr in ihr Leben zu bringen. Davon profitiere John schon seit Jahren. Manchmal entdeckte er unter all dem Müll noch einen tragbaren Pullover oder eine halbwegs intakte Hose. Manchmal sogar noch etwas zu essen, um über die kalten Zeiten zu kommen. Neulich fand er sogar einen alten Rucksack und konnte so seine Decke und seine Kleidung, die er gerade nicht anzog, dort hineinpacken. Das half ihm sehr, denn so war er schneller unterwegs und hatte alles unter Kontrolle. Nur abends zwischen den Containern, da wurde es schon mächtig kalt und

besonders dunkel. Gerade in den letzten Nächten fürchtete er sich so sehr. Er wusste gar nicht, warum, denn so eine ängstliche Natur war er früher nicht. Er glaubte stets, dass irgendjemand hinter ihm her war, der ihm ans Zeug wollte. Deswegen wünschte er sich eine Lampe. Aber keine, die mit Strom funktionierte, sondern eine, die er mit Zündhölzern betreiben konnte. So etwas wie eine Petroleumlampe. Er erinnerte sich daran, wie seine Mutter damals eine solche Lampe besaß. Sie stand immer auf der Heizung und manchmal zündete sie diese Lampe an. Dann war es so wohlig warm und gemütlich wie selten. Und wenn es dann noch einen heißen Eintopf gab, schienen die Sorgen vergessen. Und so durchwühlte er eine Mülltonne nach der anderen. Aber mehr als ein *Dutzend* Feuerzeuge und ein paar alte Kerzen fand er nicht. Doch er gab sich auch damit zufrieden. Immerhin war es nun ein bisschen heller in der Nacht und er konnte sich am Licht der Kerzen seine Hände wärmen. Als er eines Nachts todmüde auf seiner alten Decke zwischen den Containern am Hafen lag, bemerkte er ein seltsames Geräusch. Er hatte schon seit Tagen ein ungutes Gefühl und nun war es wohl soweit. Irgendjemand wollte ihn überfallen! Schnell löschte er das Kerzenlicht und stand auf. Sollte er vielleicht auch seine Decke einpacken und schnellstens von hier verschwinden? Noch zögerte er, vielleicht war's ja doch nur ein herumstreunender Hund oder der Wind, der sich gespenstisch zwischen den metallenen Containern verfing und dabei solch merkwürdige Geräusche erzeugte? Vorsichtshalber entschied er sich für die Variante mit dem *Verschwinden*. Er rollte seine Decke zusammen und verstaute sie im Rucksack.

Dann wollte er sich schleunigst aus dem Staube machen. Als er zwischen den Containern hervorkroch, stand plötzlich jemand vor ihm. Er erschrak sich natürlich sehr, doch es war nur ein alter Mann, der da vor ihm stand und ihn musterte. Sekunden standen sich die beiden regungslos gegenüber. John war erleichtert, dass es nur dieser alte Mann war und nicht irgendein besoffener Kerl, der ihn zusammenschlagen wollte. Der alte Mann begann zu sprechen: *„Fürchte Dich nicht. Ich will nichts von Dir. Ich weiß, dass es Dir schlecht geht. Und ich weiß, dass Du ein ehrlicher Mensch bist."*

Verständnislos starrte John den Alten an, konnte nicht so recht begreifen, was der da gerade zu ihm sagte. War das etwa auch wieder so ein Spinner, der nur Mitleid mit ihm hatte und ihm am Ende sein aufrichtiges Bedauern mitteilte? Darauf wollte er auf jeden Fall verzichten.

„Lass mich in Ruhe!", rief er laut und wollte seiner Wege ziehen. Doch der alte Mann rief ihm nach: *„Du brauchst wirklich keine Angst vor mir zu haben. Ich will Dich nicht bequatschen. Ich wollte Dich nur fragen, ob Du mich vielleicht auf Deiner Decke übernachten lassen kannst. Ich weiß, dass Du Kerzen hast und dass es zwischen den Containern sicher ist. Also, hab ein Herz und schick mich nicht fort."*

John blieb stehen und schaute sich noch einmal nach dem Alten um. Sollte er am Ende wirklich einer von denen sein, die es ehrlich meinten und ihn am Ende dann doch nicht bestahlen? Sollte es so etwas noch geben? Ehrlichkeit? Misstrauisch ging er ein paar Schritte auf den Alten zu und sagte dann: *„Wenn Du mich nicht beklaust, dann können wir´s so machen! Aber wehe, wenn Du mir was wegnimmst!"*
Der Alte war froh und John zeigte sich einverstanden. Zusammen gingen sie zu den Containern zurück und John breitete seine Decke aus. Dann zündete er eine Kerze an und holte einen Kanten Brot aus seinem Rucksack.
„Das habe ich heute Abend noch gefunden, sieht noch ganz gut aus", sagte er und der Alte freute sich, nun auch noch etwas zu essen zu bekommen.
„Weißt Du", sagte er dann, *„ich habe seit Tagen nichts gegessen und getrunken. Jetzt habe ich das erste Mal wieder was zwischen den Zähnen. Ich hab schon gedacht, ich müsste sterben. Verhungern ist ja auch nicht so ein schöner Tod."*
John riss ein großes Stück von dem Brotkanten ab und drückte es dem Alten in die Hand. Der machte sich gleich gierig darüber her und als John noch eine Wasserflasche aus dem Rucksack zog, war die Freude riesengroß. Als sich die beiden ein wenig gestärkt hatten, wurde es ihn auch gleich wärmer und im schwachen Licht der Kerze erzählten sie sich noch von so manchen Erlebnissen aus der Vergangenheit. Irgendwann wa-

ren sie so müde, dass John die Kerze löschte und sie schließlich einschliefen.

Am nächsten Morgen wurde John schon sehr früh wach. War es sein immer noch vorhandenes Misstrauen dem Alten gegenüber oder die plötzliche Kälte, die sich zwischen den Container ausbreitete. Er rieb sich seine Augen und gähnte laut. Als er sich umschaute, war der Alte nicht mehr da. Schleunigst untersuchte John seinen Rucksack, doch es war alles noch vorhanden. Auch seine Decke und selbst die heruntergebrannte Kerze waren noch da. Doch noch etwas Anderes fiel John auf. Auf der Decke stand irgendetwas. John konnte es nicht glauben, es war eine kleine Petroleumlampe. Wo kam die nur her? Der Alte hatte doch selbst nichts. Aber wer sollte sonst diese kleine Lampe dorthin gestellt haben?

Und, woher wollte der Alte wissen, dass er so gerne eine solche Lampe haben wollte? Er nahm die Lampe in seine Hand und augenblicklich wurde es warm in seinem Herzen, sehr warm. Es war ein Gefühl, welches er seit Jahren nicht mehr kannte. Dieses merkwürdige Gefühl zog von seinem Herzen durch seinen ganzen Leib bis in seine Seele hinein. Und mit einem Male fühlte er sich stark, so stark wie ein Tiger. In diesem Moment hätte er alles tun können. Immer und immer wieder hielt er diese kleine Lampe dicht vor seine Augen und betrachtete sie. Wie konnte diese wundervolle Lampe nur so viel Wärme und so viel Kraft verbreiten? Als er unter den

Schirm der Lampe schaute, um den Docht zum Anzünden zu suchen, glaubte er, der Schlag würde ihn treffen. Im Inneren der Lampe befanden sich ein dickes Bündel Banknoten und ein kleiner zusammen gerollter Brief. Mit zittrigen Händen nahm er das Geld und zählte es – es waren genau *fünfzigtausend* Dollar! Dann rollte er den Brief auseinander und las: „*Für meinen lieben Sohn John. Dieses Geld habe ich heimlich für Dich gespart. Du sollst es einmal besser haben als ich. Wenn Du mal in Not bist, soll es Dir helfen und denke immer daran- ich bin immer bei Dir, wo Du auch sein wirst. Deine Dich liebende Mutter.*"

John musste sich erst einmal setzen und ließ sich zwischen den Containern auf den eiskalten Boden plumpsen. Dicke Tränen liefen ihm übers Gesicht und sein Herz pochte in seiner Brust wie ein Hammerwerk. Es gab keinen Zweifel, das da vor ihm war ein Brief von seiner Mutter. Er erkannte die Schrift und spürte es in seinem Herzen. All die vielen Jahre hatte sie das Geld für ihn zurückgelegt. Und jetzt, wo er es brauchte, kam es zu ihm. Aber wie? Sollte tatsächlich der Alte dieses Geld hierhergebracht haben? Aber wie kam er zu dem Geld? Kannte er etwa seine Mutter? Oder hatte sie ihm dieses Geld nur anvertraut?

John atmete tief durch und stand auf. In der einen Hand hielt er die kleine Lampe und in der anderen Hand hielt er seinen alten Rucksack. Und in seinem Herzen trug er sein neues Leben, welches er sogleich beginnen wollte. Und als es

Heiliger Abend war, lag er in seiner neuen Wohnung und schaute auf das Schneetreiben, welches vor dem Hause tobte. Die Lichter an seinem kleinen Weihnachtsbaum verbreiteten ein wohlig warmes Licht und er brauchte keinen großen Baum, so wie die vielen anderen, die ihre Häuser in einen weihnachtlichen Zauber verwandelten. Er war bescheiden und dankbar und betete zum Himmel hinauf. Dann nahm er seine kleine Lampe von der Heizung und drückte sie fest an sein Herz.

Denn damals zwischen den Containern hatte er sie sofort erkannt – es war die alte Petroleumlampe seiner Mutter, die sie immer auf der Heizung stehen hatte …

Die alte Bar

Es war ein verregneter Sonntagabend, als Vicky sich aufmachte, um in die Vergangenheit abzutauchen. Sie wollte in die alte Blues-Bar am *Hampton-Drive*. Sie wusste nicht, ob es diese alte Bar, in welcher sie sich vor fünfzig Jahren mit ihrem nunmehr verstorbenen Ehemann Keith so oft aufhielt, überhaupt noch gab. Und obwohl sie sich selbst auch nicht mehr so wohl fühlte, starke Herzprobleme hatte, wollte sie sich einfach noch einmal auf den Weg dorthin machen. Sie wollte nicht sterben, ohne diese alte Bar noch einmal gesehen zu haben. So zog sie sich ihre dicke Jacke über und nahm den dunklen Regenschirm. Dann verließ sie ihre winzige Wohnung. Irgendein sonderbares Gefühl, welches sie einfach nicht mehr loslassen wollte, schlich durch ihre Seele und ließ ihr Herz ganz ruhig schlagen. Entspannt lief sie die breite Straße entlang und wollte auch kein Taxi nehmen. Sie wollte diesen Abend noch einmal so richtig genießen, die schwere, neblige Luft in sich aufnehmen, wie sie es selten getan hatte. Die vielen Autos, die durch die Regenpfützen patschten, die vielen Menschen, die irgendeinem Ziel entgegen hetzten, all das interessierte sie an diesem Abend nicht. Sie spürte einen undefinierbaren Hauch von neuem Leben in sich, obwohl sie schon vierundsiebzig Jahre war. Nein, es kam nicht auf das Alter an, wenn man etwas unbedingt wollte. Es ging doch nur um das Leben, um nichts Anderes. Schließlich bog sie in die kleine Seitenstraße ein, und schlagartig verschwanden der Trubel und das Treiben, welches sie eben noch begleitet hatte. Es wurde immer dunkler, denn Straßenlaternen gab es in dieser Straße kaum. Endlich sah sie es, das alte verfallene Haus, die alte Blues-Bar. Der Eingang war verschlossen und sie musste sich einen anderen Zugang suchen. Sie lief um das Gebäude und fand einen niedrigen Hintereingang. Die Tür war schon herausgebrochen und überall lagen Müll und Glasscherben herum. Eine Menge Wasser hatte sich in einem Loch vor dem Eingang angesammelt und sie musste regelrecht ins Innere des Hauses springen, um trocken hinein zu gelangen. Dabei musste sie grinsen, denn es war genauso wie damals, als man sie nicht hereinlassen wollte. Sie mussten durch ein Fenster klettern und manchmal gelang das nicht so recht und die ohnehin nicht mehr moderne Abendgarderobe war hin. Dennoch war es aufregend und spannend. Langsam lief sie einige Stufen nach oben und stand alsbald in einem großen leeren Saal. Glücklicherweise stand eine Straßenlaterne vor einem der Fenster und verbreitete ein wenig Licht. So konnte sie wenigstens sehen, wo sie hintrat. Dennoch war es sehr bedrückend. Alles sah irgendwie anders aus als damals. So tot und ohne Leben. Es war schmutzig und überall lagen Müll und Glasscherben wie schon hintern Haus herum. Am Fenster entdeckte sie einen Stuhl. Dessen Beine waren schon ziemlich verbogen, doch sie lief zielgerichtet dorthin und setzte sich. Und plötzlich, wie aus dem Nichts tauchten die Erinnerungen an die Zeit auf, als sie mit ihrem Keith in dieser Bar war. Sie stöhnte leise vor sich hin und dachte daran, wie sie Keith einst in dieser Bar kennen gelernt hatte. Es war wirklich eine wundervolle Zeit.

Plötzlich knackte es und gleißend helles Licht durchflutete den leeren Saal. Und auf einmal ertönte Musik! Es war die gleiche Musik, zu der sie damals tanzten. Und durch die breite Tür schritten Leute in diverser Abendgarderobe herein. Sie begannen, zu dieser faszinierenden Musik zu tanzen. Wie in Vickys Träumen drehten sie sich im Tanze und Vicky spürte eine unsagbare Lust, sich ebenfalls im Tanz zu drehen. Doch ihr fehlte der passende Partner. Ein Kellner erschien und brachte eine Flasche Schampus mit zwei Gläsern. Vicky wunderte sich – sie hatte weder Schampus bestellt noch konnte sich auch erklären, wieso ausgerechnet zwei Gläser gebracht wurden. Der Kellner lächelte so merkwürdig und stellte die Flasche und die beiden Kristallgläser auf den Tisch, der eben noch gar nicht da war. Vicky war plötzlich ganz aufgeregt und wusste nicht, was da noch geschehen würde. Doch da drehten sich die bunten Scheinwerfer zum Eingang und ein Mann in einem schwarzen Frack betrat die Tanzfläche. Vicky konnte es nicht fassen und Tränen schossen ihr in die Augen. Vor ihr stand Keith, ihr geliebter Ehemann.

Aber wie konnte das nur möglich sein? Er war doch schon lange tot. Sie wollte sich darüber aber nicht den Kopf zerbrechen, wollte diesen faszinierenden Abend genießen und wollte bei Keith sein. Sie spürte diese Liebe, die sie schon so oft in den letzten Tagen gespürt hatte. Keith verneigte sich vor ihr und bat um den ersten Tanz. Die Musik begann von Neuem aufzuspielen und Vicky erhob sich von ihrem Stuhl. Sie ließ sich auf die Tanzfläche führen, wo schon die anderen Paare warteten und Beifall klatschten, als Vicky mit ihrem Keith zwischen ihnen erschienen. Dann begannen alle, sich im Tanz zu drehen. Ach war das schön, Vicky konnte sich so richtig fallen lassen. Sie spürte diese Leichtigkeit und diese Schönheit des Augenblicks. So wunderbar und so federleicht hatte sie sich seit Jahren nicht mehr gefühlt. Und Keith hielt sie sicher und fest in seinen Armen. Ja, es war genau so wie damals. Die bunten Scheinwerfer und diese parfumgeschwängerte Luft – es war so wunderschön, dass Vicky nicht mehr aufhören wollte zu träumen. In dieser kleinen Bar am Rande aller Zeiten konnte sie für diesen Augenblick, für diesen einen Abend endlich wieder glücklich sein. Und als sie sich mit Keith im Tanze drehte bemerkte sie nicht, wie sich eine Nebelwolke unter ihren Füßen ausbreitete. Die anwesenden Paare schienen es ebenfalls nicht zu bemerken. Und Vicky und Keith tanzten und tanzten. Sie waren einfach nur glücklich. Doch die Nebelwolke hüllte sie vollständig ein. Dann verschwand die märchenhafte

Szene und nahm alles mit, was da war. Zurück blieb nur dieser leere Tanzsaal, der dunkel und schweigend vor sich hinträumte. Von den Paaren, von Keith und auch von Vicky war nichts mehr geblieben. Wo sie nur hingeflogen sein mochten? Niemand wusste es und niemand hatte sie gesehen.

Nur manchmal, wenn es Abend war, konnte so mancher in der großen Stadt eine sonderbare Melodie hören. Und wenn man ganz genau hinschaute, dann sah man sie, die Nebelwolke, in welcher Vicky und Keith tanzten. Es war eigentlich nie anders und es war so wunderschön, dort in der kleinen Blues-Bar am *Hampton-Drive* …

Geister

Nebelschleier hinterm Haus
Alles sieht so anders aus
Kälte in der Dunkelheit
Bis zum Wald ist´s nicht mehr weit

Da, Gesichter überall
Und ein seltsam dumpfer Knall
Stimmen fliegen durch die Luft
So, als ob mich jemand ruft

Plötzlich schlägt die Kirchturmuhr
Aus der Zauber, Stille nur
Nur die Tanne strahlt im Glanz
Engel, Elfen
Welch ein Tanz

Erkenntnis

Die Tage winden sich
durch meine abgewrackte Seele
Ich geh allein
den längst vertrauten Weg im Park
Mein Herze schweigt,
wie meine ausgedörrte Kehle
Jenseits des Glücks
Und meine Wunden schmerzen arg

Da war die Zeit,
als ich noch Hoffnung spürte
Als ich noch jung,
versuchte manches kleine Glück
Als ich mit Illusionen
meinen Lebensweg verzierte
Dumm und verträumt
Und viel zu oft verrückt

So manchen Streit
wollt´ ich mit Mutter führen
Naives Kind,
das niemanden verstand
Zog in die Welt
mit allzu vielen Staralllüren
Hielt mich doch fest
an Mutters guter starker Hand

Die Jugend ging
und mit ihr auch mein Lachen
Und auch mein Traum,
der König dieser Welt zu sein
Da stand ich nun,
schwer fiel mir das Erwachen
Fand schwachen Trost
in feuerrotem Erdbeerwein

Ich wollt den Freund,
der meine Ängste kannte
Und schlich mich ein
in manches eisigkalte Herz
Und als ich selbst
an meiner Gier verbrannte,
erkannte ich das erste Mal
den nimmermüden Schmerz

Das Leben

Das Leben fließt so wie ein Strom
Mal langsam noch
Dann wieder schnell
Es fließt nur so, wer fragt da schon
Das Leben ist ein langer Strom
Es ist oft dunkel, selten hell

Es ist nur da und bringt die Zeit,
in der wir sehen und verstehn
Wir fühlen Glück
Erleben Leid
Und es vergeht mit aller Zeit
Bis nichts mehr von uns bleibt bestehn

Der Wind fegt über kahles Land,
auf dem es so viel Leben gab
Es liegt oft nicht in unsrer Hand
Es fegt nur Wind über das Land
Und streichelt sacht so manches Grab

Man möcht so gerne ewig sein,
um eins zu werden mit der Welt
Um alt zu werden
wie ein Stein
Ja, manchmal möchte man ewig sein
Niemals verlieren, was man hält

Doch fließt das Leben wie ein Strom
Und bliebt nicht stehen, treibt uns fort
So manches fließt uns da davon
Denn es geht weiter, mit dem Strom
Und bleibt nie
ein beständig´ Ort

Leuchtturm

Irgendwo in ferner Zeit
blinkt ein Leuchtturm in die Welt
Steht so einsam und befreit
Steht so fern von aller Zeit
Und sein altes Mauerwerk, es hält!

Hab ihn eines Tags entdeckt
Dort am Ufer, dort am Strand
Fand ihn kaum, weil er versteckt
Hab ihn irgendwann entdeckt
Und ich lief durch weißen Sand

Stand vor ihm und sah sein Licht
Und das Meer rauschte im Wind
Plötzlich sah ich mein Gesicht
Dort im hellen Leuchtturmlicht
Vor mir stand ein frohes Kind

Ja, es lachte und es sang
von dem Leben und vom Glück
Sah das Kind minutenlang
Hörte, wie es fröhlich sang
Und ich sang dies Liedchen mit

Und auf einmal ward mir klar,
dass ich doch noch lachen kann
Hier, wo nie ein Mensch je war,
wurde mir so manches klar
Täglich fängt dies Leben an!

Wenn sich etwas ändern muss,
geht es nur, wenn ich es tu!
Denn es ist noch lang nicht Schluss,
weil ich′s selbst jetzt ändern muss!
Denn das Leben gibt nie Ruh

Irgendwo in ferner Zeit
blinkt ein Leuchtturm hell und gut
Steht so einsam und befreit
Jenseits aller Lebenszeit
Gibt mir neuen Lebensmut

An den Mond

Oh Du wundervoller Mond
Als goldene Scheibe hängst Du heut tief
Am nachtschwarzen Firmament
Doch dunkle Schleier beginnen
Dich zu umhüllen und mir wird's kalt
Und schwärzer wird's um mich
Geheimnisvolle Stille
Aber Du bist ja noch da!
Dein Glanz ist niemals Dir genommen
Und niemand nimmt ihn jemals Dir
Oh Du wunderbarer Mond
Spiegelbild am nächtlichen Gestade
Ich sitz auf dem Bootssteg und träum mit Dir
Bist mir geblieben als Licht, dass immer da war
In nachtschwarzer Dunkelheit
und der Unendlichkeit der Angst
Vertreibst die dunklen Schleier mir
von meiner Seele
Jedoch Dein Licht ist mir so kalt
Und fern bist Du, ach Mond, ferner Geliebter
Ich sah Dich nie nah vor mir
Nur Dein Gesicht, dort oben
Und in meinen Träumen stell ich mir vor,
ich wäre bei Dir
In starker Hand, atemlosem Atem
Und in der märchenhaften Stille
hast Du mich verzaubert
in jenem unfassbaren Universum
Komm, lass mich schweben
mit Dir zusammen

*Doch bald wird's Tag
Der Träume Ende*

Irrfahrt

Der Zug rast übers weite Land
Sie schaut hinaus und weint dabei
Vor Stunden ist sie weggerannt
Und fährt nun einsam übers Land
Und fühlt sich weder gut noch frei

Sie ließ das Haus allein zurück
Was wohl der Mann sagt, wenn er kommt?
Er hielt sie oft für arg verrückt
Doch diesmal ließ sie ihn zurück!
Ob sich das *Fortgehn* wirklich lohnt?

So weit war sie noch niemals fort
Er hielt sie fest und schloss sie ein
Es war kein wirklich schöner Ort,
dies Haus, der Garten
Sie wollt fort!
Und wollte endlich glücklich sein

Da warn so viele Träume noch
Ein Auto, Kinder und viel mehr
Das Haus war alt und nicht sehr hoch,
riss in die Kasse bald ein Loch
Und manche Träume wogen schwer

Ist die Familie schon am End?
Sie schaut vom Fenster in die Welt
Der Zug rast durch das Land, das fremd
Dorthin, wo man sie nicht mehr kennt
Dorthin, wo Vieles nicht mehr zählt

Sie atmet tief und stöhnt dabei
Das Handy summt sich in die Nacht
Sie fühlt sich weder gut noch frei
Die Landschaft fliegt am Zug vorbei
Ob dort vielleicht die Sonne lacht?

Ein Bahnsteig kommt, der Zug hält an
Sie weiß nicht, was sie machen soll
Sie denkt ans Glück und an den Mann
Hier, in der Einsamkeit sodann
starrt sie ins Nichts
So sehnsuchtsvoll

Der Zug fährt ab, es ist nicht hell
Schon bald entgleist er, fern vom Glück!
Vielleicht ging's einfach nur zu schnell?
Im Leben ist's nicht immer hell!
Doch sie stieg aus!
Sie will zurück!

Auf der Treppe

Ein junger und ein alter Mann,
sie sagen nichts und schweigen nur
Sie sitzen da und schaun sich an
Der junge und der alte Mann
Und schauen manchmal auf die Uhr

Es ist ein Vater mit dem Sohn
Dazwischen liegen dreißig Jahr
Sie sagen nichts, was macht das schon
Es schweigt der Vater
Und der Sohn
Soviel scheint anders als es war

Der Sohn will fort, weg von Zuhaus
Der Vater hat die dritte Frau
Doch sehen sie nicht glücklich aus
Sie fühln sich fern
Weit von Zuhaus
Die Mutter wusst das ganz genau

Sie lief davon vor langer Zeit
Und ließ die beiden schnell zurück
Die Männer hat das nicht erfreut
Die Mutter ging vor langer Zeit
Und suchte sich ein neues Glück

Es fehlte der Zusammenhalt
Denn Sohn und Vater passten nicht
Die Wohnung wurde kalt, so kalt
Es fehlte der Zusammenhalt
Und Mutters liebes Angesicht

So sitzen sie nun schweigend da
Und trauern ihren Träumen nach
Es wird wohl nie mehr so wies war
Die beiden sitzen schweigend da
Und sind wohl lange noch nicht wach

Septemberhymne

Ein böser Traum in kalter Nacht
Ich sah *New York* in seiner Pracht
Doch über allem sah ich auch
Zwei Türme, brennend, schwarzen Rauch

Ein Flugzeug rast in einen Turm
Ein zweites auch, ein drittes schon
Und Menschen springen in den Tod
Ich sah die Angst, den Hass, die Not

Längst stand der Schweiß auf meiner Stirn
Längst kollabiert mein schlafend´ Hirn
Wo stolz zwei Türme ragten, ach
Da hielt der Tod die Stadt in Schach

Der Atem stockte lähmend mir
Wo kam nur all der Albtraum her?
Ich wurde wach, so gegen *Drei*
Und zitterte
Mein Traum
Vorbei?

Im Radio am nächsten Tag
Brach die Musik ganz plötzlich ab
Ne Meldung aus *New York*
Welch Schock!
Der 11.09. war´s
Mein Gott

Kinder des Krieges

Sie suchen noch das *Morgenrot*
Die Kinder aus dem fernen Land
Und abends gibt's hier Abendbrot
Die ferne Heimat ist schon tot
Im Krieg ist alles abgebrannt

Sie kamen her ins deutsche Land
Die Kinder aus der *andern* Welt
Sie fanden manche helfend' Hand
Und stießen auch auf manche Wand
Sie hatten Hunger, wenig Geld

Man schimpfte laut und leise hier
Warum nur gehen sie nicht weg?
Es gibt nicht Krieg
Nicht Bomben hier
Und ruhig ist's des nachts um *Vier*
Und volle Läden sind ums Eck

Das alles gab's im Kriegsland nicht
Es ist zerstört
Das ist nicht mehr
Die Nacht erhellte Bombenlicht
Und manchen Toten fand man nicht
Und Kinderaugen – *endlos leer*

Wohin geht's nur – *wohin, wohin?*
Warum der Krieg – *warum, warum?*
Die Kinder wollen wieder hin
Doch aller Traum bleibt ohne Sinn
Und alle Worte bleiben stumm

So anders wird man mit der Zeit
Im fremden Land scheint alles *fremd*
Man fühlt sich frei
Doch nie befreit
Familie, Heimat ist so weit
Und auf der Haut das *letzte Hemd*

Die Heimat ist, wo's Herze schlägt
Auch Bomben löschen das nicht aus
Die Kinder wollten niemals weg
Und hier ist Frieden
Rund ums Eck
Wo steht das gute Heimat – Haus?

Alte Frau

Sie denkt sehr selten nur an Morgen
Die alte Frau ist ohne Sorgen
Sitzt auf der Bank, vorm Haus, im Tal
Und es ist Frühling
Wiedermal

Im Sommer zieht's die Frau zum Garten
Sie will jetzt nicht mehr länger warten
Die Rosen und die Nelken blühn
Sie will nochmal im Tanz sich drehn

Der Herbst zieht ein, die Blätter fallen
Auch Vogelstimmen kaum noch hallen
Die alte Frau ruht sich nun aus
Und Nebel ziehen um ihr Haus

Die alte Frau ist alt geworden
Und jenes Jahr scheint fast gestorben
Der Winter längst am Fenster leckt
Die Bank vorm Haus
Von Schnee bedeckt

Die Tänzerin

Irgendwie verklärt vielleicht
Eine Träne noch im Aug
Ist berühmt sie?
Ist sie reich?
Manchmal traurig auch
Vielleicht
Es ist ihre beste Schau

Ach, es war 'ne schwere Zeit
Harte Arbeit, viel Verzicht
Heut ist sie vom Glück nicht weit
Nein, sie fühlt sich nicht befreit
Streng manch Züge im Gesicht

Viele Fragen wiegen schwer:
War es richtig?
War's nicht gut?
Ist sie heute wirklich wer?
Ach, ihr Leben wiegt so schwer
Soviel Tanz liegt ihr im Blut

Düster scheint die Bühne jetzt
Nur Musik erklingt ganz leis
Ja, sie tanzt so unverletzt
Leicht und schön und nicht gehetzt
Ihr *Tutu* ist strahlend weiß

Und sie tanzt für sich allein
Nur ein Licht strahlt sie noch an
Warum stets alleine sein?
Warum niemals Sekt und Wein?
Schaut sie wirklich niemand an?

Da bemerkt sie einen Blick
Er ist stark und trifft sie sehr
Und ganz langsam, Stück für Stück,
tanzt sie hin zu jenem Blick
Fühlt dabei sich traurig, schwer

Es ist eine fremde Frau
Ihr Gesicht im Schatten liegt
Doch ihr Blick ist sehr genau
Wer ist jene fremde Frau?
Woher hat sie diesen Blick?

Als sie näher tanzt und schaut,
staunt sie, denn die Frau vor sich
ist sie selbst, so sehr vertraut
Und sie weint und staunt und schaut
Sieht ihr eigenes Gesicht

Niemand sonst ist wohl zu sehn
Jenseitig von Traum und Show
Ach, sie tanzt so wunderschön
Möcht nicht von der Bühne gehn
Doch die Fremde scheint nicht froh

Da, das Licht verlischt ganz sacht
Und die Schau ist aus, *vorbei*
Längst ist es nach Mitternacht
Da geht aus das Licht ganz sacht
Aller Tanz scheint einerlei

Regungslos und leichenblass
geht sie von der Bühne schnell
Spürt nicht Trauer oder Spaß
Draußen ist es regennass
Nacht ist es und gar nicht hell

Plötzlich spürt sie es genau:
Tanzen ist ihr größtes Glück!
Niemals war ihr Leben grau!
Und es lacht die fremde Frau
Leicht tanzt sie zur Show zurück

Alter Mann

Es ist so still um ihn
So still
Der alte Mann sitzt schweigend da
Er weiß genau, was er noch will
Doch er sitzt da und ist nur still
Und denkt vielleicht, wies damals war

Vielleicht erinnert er sich jetzt
An jene Zeit, als er noch jung
Und plötzlich scheint sein Aug benetzt
Woran erinnert er sich jetzt?
An Liebe oder neuen Schwung?

Er sagt es nicht
Er schweigt ganz still
Er räuspert sich nur einmal laut
Die Zeit vergeht auch ohne Ziel
Er weiß genau, was er jetzt will
Als heimlich er zum Fenster schaut

Mutters Licht

Ich erinnere mich sehr oft an meine Jugendzeit. Besonders ein Erlebnis fällt mir immer wieder ein. Immer, wenn ich abends länger Dienst hatte, stellte Mutter ein kleines Lämpchen ins Fenster. Ich sah es schon von weitem und es leuchtete irgendwie magisch. Es zeigte mir schon vom Weitem dieses kleine Stückchen Heimat, diese Vertrautheit und ich liebte es so sehr. Es war ein Zeichen, welches mir meine Mutter gab, welches wohl sagte: *„Da ist jemand, der auf Dich wartet."* Weil die Straße kilometerweit schnurgeradeaus führte, sah ich das Licht schon, wenn ich auf unsere Straße einbog. Ich arbeitete zu dieser Zeit in einem anderen Stadtbezirk und oftmals endete meine Arbeitszeit, wenn die letzte Straßenbahn schon fort war. Dann hieß es für mich: *heimlaufen!*
Ungefähr eine Stunde war ich unterwegs. Damals fürchtete ich mich noch nicht – ich war jung und voller Kraft. So, glaubte ich, würde mir schon nichts passieren.
Es war ein Freitagabend und mein Chef eröffnete mir, dass es auch an diesem Tage wieder länger dauern würde. Ich arbeitete damals in einem Restaurant und musste eben so lange dableiben, bis der letzte Gast gegangen war. Diesmal jedoch wollten die Leute einfach nicht müde werden. Stundenlang hielten sie sich an einer Weinflasche fest und ich schaute besorgt zur Uhr. Meine Besorgnis schien berechtigt, denn die Uhr zeigte

mir deutlich, dass ich nun die letzte Bahn verpasst hatte. Gegen 02:30 Uhr machte ich mich schließlich auf den Weg. Und es klappte wunderbar. Zwar konnte ich mich vor Müdigkeit kaum noch auf den Beinen halten, doch gegen 3 Uhr bog ich in die heimatliche Straße ein. Schon von Weitem sah ich es wieder, unser Licht. Es leuchtete nur schwach, doch es leuchtete. Und allein das gab mir die Kraft, schneller zu laufen. Dieses Licht erschien mir immer wie Mutters Blick, wie ihre Gedanken, ihre Besorgnis, unbeschadet nach Hause zu kommen. Es war nicht mehr weit, da fiel mir eine dunkel gekleidete Gestalt in einem Hauseingang auf. Ich maß dieser Person keinerlei Beachtung zu und lief einfach weiter. Dennoch war mir nicht mehr ganz so wohl zumute. Ich lief auf der Straßenmitte. Es kam ohnehin kein Fahrzeug und dort war es hellsten. Immerzu schaute ich an die dunklen Straßenränder. Umzudrehen traute ich mich nicht. Ich befürchtete, in das furchtbare Antlitz eines Monsters schauen zu müssen. Es raschelte hinter mir und schwere Schritte, die langsam schneller wurden, jagten mir ein unerträgliches Angstgefühl ein. Panik machte sich in mir breit. Ich wollte rennen, doch ich konnte einfach nicht. Es war verrückt, obwohl ich mir immer vorgenommen hatte, bei Gefahr erst einmal loszurennen, funktionierte es in diesem Moment nicht. Es kam mir vor, als seien meine Beine gelähmt. Mein Herz jedoch sprang mir beinahe vor Aufregung aus der Brust. Was würde geschehen? War

ich wirklich in Gefahr? Die Antwort erhielt umgehend. Irgendjemand hielt mich plötzlich von hinten fest. Das, wovor ich immer Angst hatte, war eingetreten, ich wurde überfallen. Dutzende Horrorszenarien liefen in Sekundenbruchteilen vor meinem inneren Auge ab. Ich sah mich bereits mit einem Messer in der Brust zu Boden sinken. Der Fremde war viel größer und kräftiger als ich und ich hatte keinerlei Chance gegen ihn.
Er hielt mich fest und wollte mich zu Boden pressen.
Plötzlich wurde es gleißend hell um uns.
Ein unglaublich scharfer weißlicher Lichtstrahl, der einem Laser glich, fuhr auf den Fremden nieder. Der Lichtstrahl fuhr an dem Fremden hoch und herunter und brannte ihm dabei irgendetwas auf seine Kleidung. Dampfend ließ er von mir ab und schrie dabei ganz laut. Ich muss gestehen, dass ich mehr Angst vor seinem plötzlichen Geschrei hatte als vor diesem unbeschreiblichen rätselhaften Licht. Kurz gelang es mir, die Herkunft des Lichtstrahls zu erkunden. Nur schwer konnte ich es erkennen, aber es musste aus unserem Fenster kommen. Genau aus der kleinen Lampe, die Mutter immer eingeschaltet ins Fenster stellte, wenn ich nachts heimkam. Der Fremde lag auf dem Boden und ich rannte so schnell ich konnte die letzten Meter bis zu unserem Hause. Mit zittrigen Händen versuchte ich das Schlüsselloch ausfindig zu machen. Irgendwann gelang es mir endlich, die Tür aufzuschließen. Doch als ich die Tür zuschlagen wollte, war

der Fremde schon wieder hinter mir. Er stellte seinen Fuß in die Tür, griff nach mir und fauchte mich an, ich sollte sofort öffnen.
Doch ich dachte an das Licht in unserem Fenster und wuchs plötzlich aus mir heraus. Ich versetzte dem Fremden einen heftigen Schlag mitten ins Gesicht. Der ließ mich los und ich konnte die Tür zuschlagen. Unglücklicherweise fiel mir dabei jedoch der Schlüssel herunter. Aber durch das Schlüsselloch fiel plötzlich wieder dieser grelle Lichtstrahl, und als der Fremde kurz darauf die Tür aufstoßen wollte, war diese verschlossen. Ich brauchte erst einmal Luft und atmete tief durch. Kraftlos lehnte ich an der Haustür und taumelte hin und her. Mir war schwindelig und ziemlich übel. Dieser unglaubliche Schock hatte sich auf meinen Magen und auf meinen Blutdruck gelegt. Nur mit großer Mühe torkelte ich nach oben zur Wohnung meiner Eltern. Aber was sollte ich tun? Die Polizei rufen? Doch bis die eintreffen würde, wäre der Täter längst verschwunden. Und an sein Aussehen konnte ich mich einfach nicht mehr erinnern. Meine Eltern waren schon im Bett und schliefen. Ich wollte sie nicht wecken, wollte sie nicht mit meinem schlimmen Erlebnis belasten. So ging ich eben ins Bett. Seltsamerweise schlief ich sofort ein. Am nächsten Morgen beim Frühstück schaltete die Mutter das Radio ein. Und obwohl ich mir nicht so gern die Nachrichten anhörte, horchte ich bei der folgenden Meldung genauer hin.

Der Sprecher sagte: „*Am Morgen wurde eine Person hilflos im Stadtpark aufgegriffen. Es handelte sich bei der Person um einen gesuchten Schläger. Er hatte bereits drei Frauen brutal überfallen und sie äußerst aggressiv niedergeschlagen, weil sie ihm kein Geld geben konnten. Er trug Verbrennungen am ganzen Körper. Seinen Aussagen zufolge sei er angeblich von einem grellen Lichtstrahl festgehalten und so übel verletzt worden. Er konnte endlich verhaftet werden. Dem vermeintlichen Lichtstrahl sei Dank.*"
Ich lächelte in mich hinein, denn immerhin wusste ich, welches Licht den Täter gestellt hatte.
Und die durchgebrannte Glühbirne der kleinen Lampe in unserem Fenster sprach wohl ihre eigene Sprache …

128